Gertrud Wally

ER SAH UND GLAUBTE

Gertrud Wally

ER SAH UND GLAUBTE

Grabtuch von Turin - Schweißtuch von Oviedo
Zwei Reliquien für das dritte Jahrtausend

Impressum:

Titelgestaltung:
Druck- & Verlagshaus Mainz GmbH

BERNARDUS-VERLAG
Büro: Abtei Mariawald
52396 Heimbach/Eifel

Tel.: 0 24 46 / 95 06 15
Fax: 0 24 64 / 95 06 15

Zentrale: Verlag MAINZ
Süsterfeldstraße 83
52072 Aachen
Internet: www.verlag-mainz.de
e-mail: bernardus@verlag-mainz.de

Druck
Druck und Verlagshaus Mainz GmbH
Süsterfeldstraße 83
52072 Aachen

ISBN-10: 3-81070-102-5
ISBN-13: 978-3-81070-102-2

Dank

Zunächst gilt mein innigster Dank meinem Mann und meinen Kindern, die mich jahrelang bei meiner Vortragstätigkeit unterstützt und alle damit verbundenen Schwierigkeiten geduldig ertragen haben. Ferner danke ich aus ganzem Herzen den beiden Physikern Herrn Oswald Scheuermann (Nürnberg) und Prof. Giulio Fanti (Universität Padua) für die jahrelange Freundschaft und Wissensvermittlung. Ohne diesen fruchtbaren Gedankenaustausch verbunden mit Ermunterung und geistiger Unterstützung, insbesondere durch Herrn Oswald Scheuermann, würde Wesentliches am vorliegenden Sachbuch fehlen.
Dass dieses Buch überhaupt erscheinen konnte, ist nicht zuletzt Bruder Johannes Maria Volk csj zu verdanken, der sich seit längerer Zeit um eine Publikation bemühte. Ich danke ihm herzlich für alle Mühen, Anregungen, Verbesserungsvorschläge, Gespräche bzw. für alle technische und graphische Unterstützung und Hilfe.
Auch allen anderen am Zustandekommen dieses Buches Beteiligten, insbesondere DDr.F.Erich Zehles, Dr. Heinz Piesik und Frau Maryvonne Mainz innigen Dank und Gottes Segen!

Möge der Leser nach der Lektüre dieses Buches nicht bloß eine Wissensanreicherung über ein interessantes, unverbindliches Forschungsgebiet erfahren, sondern sich gedrängt fühlen, mit seinem persönlichen Leben Antwort auf die aufgeworfenen Fragen zu geben.

INHALT

Gertrud Wally

Sag uns Maria, was hast du gesehen auf dem Weg?

Das Grab Christi, des Lebenden, hab' ich gesehen
und die Herrlichkeit des Auferstandenen

und Engel als Zeugen,
das Schweißtuch und die Leinentücher.

Auferstanden ist Christus, meine Hoffnung.

(Aus der Ostersequenz "Victimae paschali laudes")

Meditation von Papst Benedikt XVI. vor dem Turiner Grabtuch am 2. Mai 2010

Liebe Freunde,

das ist für mich ein lang ersehnter Augenblick. Bei verschiedenen anderen Gelegenheiten habe ich mich bereits vor dem heiligen Grabtuch eingefunden, aber dieses Mal erlebe ich meine Pilgerreise und diesen Besuch mit besonderer Intensität: Vielleicht, weil ich im Lauf der Jahre sensibler geworden bin für die Botschaft dieses außergewöhnlichen Bildes; vielleicht, und ich würde sogar sagen, vor allem, weil ich als Nachfolger Petri hier bin und in meinem Herzen die ganze Kirche trage, ja mehr noch: die ganze Menschheit. Ich danke Gott für das Geschenk dieser Pilgerreise, und auch für die Gelegenheit, euch eine kurze Meditation vorzutragen, zu der mich der Untertitel dieser feierlichen Ausstellung des Grabtuches inspiriert hat: »Das Mysterium des Karsamstags.«

Man kann sagen, dass das Grabtuch die Ikone dieses Geheimnisses ist, das Bild des Karsamstags. Tatsächlich handelt es sich um ein beim Begräbnis verwendetes Tuch, in das der Leichnam eines gekreuzigten Mannes gehüllt wurde. Es stimme in allem mit dem überein, was die Evangelien von Jesus berichten, der gegen Mittag gekreuzigt wurde und gegen drei Uhr nachmittags gestorben ist. Weil Rüsttag war, das heißt der Vorabend des feierlichen Sabbats des Paschafestes, bat Josef von Arimathäa, ein reiches und angesehenes Mitglied des Hohen Rates, am Abend Pontius Pilatus mutig darum, Jesus in seinem neuen Grab beerdigen zu dürfen, das er nicht weit von Golgota entfernt für sich selbst hatte in den Felsen hauen lassen. Nachdem er die Erlaubnis bekommen hatte, kaufte er ein Leinentuch, nahm den Leichnam Jesu vom Kreuz, wickelte ihn in das Tuch und legte ihn in jenes Grab (vgl. Mk 15,42–46). Das berichtet das Evangelium des hl. Markus, und mit ihm stimmen die anderen Evangelisten überein. Von diesem Augenblick an blieb Jesus bis zum Morgengrauen des Tages nach dem Sabbat im Grab, und das Grabtuch von Turin zeigt uns ein Bild davon, wie sein Körper in dieser Zeit im Grab lag – eine chronologisch gesehen sehr kurze Zeit (etwa anderthalb Tage), die aber, was ihren Wert und ihre Bedeutung angeht, unermesslich, unendlich war.

Der Karsamstag ist der Tag der Verborgenheit Gottes, wie man in einer antiken Predigt lesen kann: »Was ist geschehen? Heute herrscht auf der Erde eine große Stille, große Stille und Einsamkeit. Große Stille, weil der König schläft. … Gott ist dem Fleische nach gestorben und hinabgestiegen, um das Reich der Unterwelt zu erschüttern« (Predigt über den Karsamstag, PG 43, 439). Im Glaubensbekenntnis bekennen wir, dass Christus gekreuzigt wurde unter Pontius Pilatus, gestorben ist und begraben wurde, hinabgestiegen ist in das Reich des Todes und am dritten Tage auferstanden ist von den Toten.

Liebe Brüder und Schwestern, in unserer Zeit ist die Menschheit, vor allem nachdem sie das letzte Jahrhundert durchlebt hat, besonders sensibel geworden für das Geheimnis des Karsamstags. Die Verborgenheit Gottes ist Teil der Spiritualität des zeitgenössischen Menschen: in einer existentiellen, fast unbewussten Weise, wie eine Leere im Herzen, die immer größer geworden ist. Am Ende des 19. Jahrhunderts schrieb Nietzsche: »Gott ist tot! Und wir haben ihn getötet!« Dieser berühmte Ausspruch ist bei genauem Hinsehen fast wörtlich der christlichen Überlieferung entnommen, oft wiederholen wir diese Worte beim Kreuzweg, vielleicht ohne uns ganz dessen bewusst zu sein, was wir da sagen. Nach den beiden Weltkriegen, nach den Konzentrationslagern und dem Gulag, nach Hiroshima und Nagasaki, ist unsere Epoche immer mehr zu einem Karsamstag geworden: Die Dunkelheit dieses Tages fordert die heraus, die nach dem Leben fragen, und besonders fordert sie uns Gläubige heraus. Auch wir müssen uns dieser Dunkelheit stellen.

Und dennoch hat der Tod des Sohnes Gottes Jesus von Nazaret auch noch einen entgegengesetzten Aspekt, der vollkommen positiv ist, Quelle des Trostes und der Hoffnung. Und das lässt mich daran denken, dass das heilige Grabtuch wie ein »fotografisches« Dokument ist, das ein »Positiv« und ein »Negativ« hat. Es ist wirklich so: Das dunkelste Geheimnis des Glaubens ist zur gleichen Zeit das hellste Zeichen einer Hoffnung, die keine Grenzen hat. Der Karsamstag ist das »Niemandsland« zwischen Tod und Auferstehung, aber dieses

»Niemandsland« hat einer, der Einzige betreten, der es durchquert hat mit den Zeichen seines Leidens für den Menschen: »Passio Christi. Passio hominis«. Und das Grabtuch spricht genau von diesem Augenblick zu uns, es bezeugt gerade dieses einzigartige und unwiederholbare Intervall in der Geschichte der Menschheit und des Universums, in dem Gott in Jesus Christus nicht nur unser Sterben geteilt hat, sondern auch unser Bleiben im Tod. Radikalste Solidarität.

In jener »Zeit jenseits aller Zeit« ist Jesus Christus »in das Reich des Todes hinabgestiegen«. Was bedeutet dieser Ausdruck? Er besagt, dass der menschgewordene Gott so weit gegangen ist, in die extreme und absolute Einsamkeit des Menschen einzutreten, wohin kein Strahl der Liebe dringt, wo völlige Verlassenheit herrscht, ohne auch nur ein Wort des Trostes: »das Reich des Todes.« Jesus Christus hat durch sein im Tod Bleiben das Tor dieser letzten Einsamkeit durchschritten, um auch uns dazu zu führen, es gemeinsam mit ihm zu durchschreiten. Wir haben alle schon einmal ein furchtbares Gefühl der Verlassenheit gehabt. Und was uns am Tod am meisten Angst macht ist gerade dies, wie Kinder haben wir Angst, in der Dunkelheit allein zu sein, und nur die Anwesenheit eines Menschen, der uns liebt, kann uns beruhigen. Genau das hat sich am Karsamstag ereignet: Im Reich des Todes ist die Stimme Gottes erklungen. Das Undenkbare ist geschehen: Die Liebe ist vorgedrungen in das »Reich des Todes«. Auch in der extremsten Dunkelheit der absoluten menschlichen Einsamkeit können wir eine Stimme hören, die uns ruft, und eine Hand finden, die uns ergreift und uns nach draußen führt. Der Mensch lebt durch die Tatsache, dass er liebt und lieben kann; und wenn die Liebe auch in den Raum des Todes eingedrungen ist, so ist auch dort das Leben angekommen. In der Stunde der extremsten Einsamkeit werden wir nie allein sein: »Passio Christi Passio hominis.«

Dies ist das Geheimnis des Karsamstags! Gerade von dort, aus dem Dunkel des Todes des Sohnes Gottes, ist das Licht einer neuen Hoffnung hervorgebrochen: das Licht der Auferstehung. Und mir scheint, dass wir etwas von diesem Licht wahrnehmen, wenn wir dieses heilige Leinentuch mit den Augen des Glaubens betrachten. Denn das Grabtuch war eingetaucht in jene tiefe Dunkelheit, aber zur gleichen Zeit leuchtet es; und ich denke, dass Tausende und Abertausende von Menschen kommen, um es zu verehren – ohne die zu zählen, die betend dessen Abbildungen betrachten –, weil sie in ihm nicht nur Dunkelheit sehen, sondern auch das Licht; nicht so sehr die Niederlage des Lebens und der Liebe, sondern vielmehr den Sieg, den Sieg des Lebens über den Tod, der Liebe über den Hass. Sie sehen zwar den Tod Jesu, aber sie erahnen seine Auferstehung. Mitten im Tod pulsiert jetzt das Leben, weil ihm die Liebe innewohnt. Das ist die Macht des Grabtuchs: Das Antlitz des Schmerzensmannes, der das Leiden der Menschen aller Zeiten und aller Orte auf sich genommen hat, auch unser Leiden, unseren Schmerz, unsere Schwierigkeiten, unsere Sünden – »Passio Christi Passio hominis« –, dieses Antlitz strahlt eine feierliche Majestät aus, eine paradoxe Herrlichkeit. Das Antlitz, die Hände und Füße, die Seitenwunde, der ganze Leib spricht zu uns; er selbst ist ein Wort, das wir in der Stille hören können. Wie spricht das Grabtuch? Es spricht durch das Blut, und das Blut ist das Leben! Das Grabtuch ist eine Ikone, die mit Blut gemalt wurde, mit dem Blut eines gegeißelten, dornengekrönten und gekreuzigten Mannes, dessen rechte Seite verwundet wurde. Das dem Grabtuch eingeprägte Bild ist das eines Toten, aber das Blut spricht von seinem Leben. Alle Blutspuren sprechen von Liebe und Leben, besonders der große Fleck in der Rippengegend, der durch das Blut und Wasser entstand, die reichlich aus einer großen, von einem Lanzenstoß verursachten Wunde strömten. Dieses Blut und dieses Wasser sprechen vom Leben. Sie sind wie ein Quell, der in der Stille rauscht, und wir können ihn hören, können ihm zuhören, in der Stille des Karsamstags.

Liebe Freunde, wir wollen den Herrn immerdar für seine treue und erbarmende Liebe loben. Wenn wir diesen heiligen Ort verlassen, tragen wir in unseren Augen das Bild des Grabtuches, tragen wir im Herzen dieses Wort der Liebe und loben Gott mit einem Leben voller Glauben, Hoffnung und Liebe. Danke.

Benedikt XVI. am 2. Mai 2010, Libreria Editrice Vaticana

1. Teil
Original oder Fälschung?

I. EINLEITUNG

Fragen, die das Bild des Grabtuches von Turin aufwirft

In einer Zeit, in der Völker und Kulturen immer mehr zusammenrücken, ja regelrecht aufeinander zu prallen scheinen, tauchen auch im religiösen Bereich erneut Fragen auf, die seit Jahrhunderten Verwirrung stiften und auf die der darauf unvorbereitete Durchschnittschrist oft keine Antwort weiß.

Ist es wahr, dass Jesus am Kreuz gestorben ist, oder hat er die Kreuzigung überlebt?
Hat die Auferstehung tatsächlich stattgefunden?
Oder gründet der Auferstehungsglaube gar nicht auf einem historischen Ereignis, sondern ist er nur der Phantasie der Apostel entsprungen?
Gibt es materielle Hinweise auf die Gottessohnschaft Christi, oder ist Jesus nur ein frommer Jude oder ein gescheiterter jüdischer Rebell gewesen?

Othonia und *Sudarion*

Bei der Beantwortung dieser Fragen können uns zwei Gegenstände weiterhelfen, die bereits der Evangelist Johannes in seinem Bericht über das leere Grab erwähnt (Joh 20,3-8). Da ist die Rede von den Leinenbinden und dem Schweißtuch, im griechischen Urtext von den *othonia* und dem *soudarion.* Schon seit langer Zeit bringt man mit den „Othonia", den Leinenbinden, das Grabtuch von Turin in Verbindung. Mit „Sudarion" erklärt die neueste Forschung das Schweißtuch von Oviedo *(Santo Sudario de Oviedo).* Es wird im 4. Teil dieses Buches vorgestellt. Beide Tücher wurden eingehend wissenschaftlich untersucht und geprüft, bilden nicht zu trennende Komplementärreliquien und veranschaulichen in ungeahnter Weise das Geschehen vom Karfreitag bis zum Ostermorgen.

II. DAS GRABTUCH

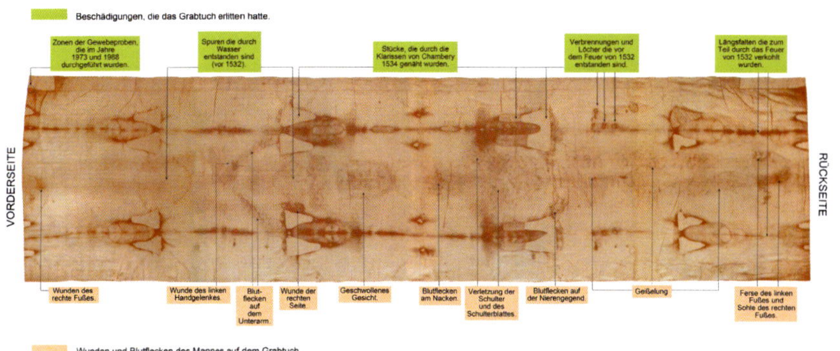

Abb1: Das Turiner Grabtuch wie es sich dem Betrachter mit freiem Auge darbietet

Beschreibung des Grabtuches

Das Grabtuch mit dem *Doppelbildnis* (Vorder- *und* Rückansicht) eines gefolterten und gekreuzigten Mannes verweist durch seine Maße ca. 4,42 x 1,13 m sofort auf den antik-jüdischen Bereich. Denn diese Maße gehen auf alte syrische Ellen zurück, wonach seine Größe 2 x 8 Ellen beträgt. Die eigenartig über das Tuch verstreuten rautenförmig gezackten Wasserflecken deuten darauf hin[2], dass das Tuch mit einer Aloe-Myrrhe-Emulsion getränkt war. Sie stammen aus dem ersten Jahrhundert, als das Grabtuch in einer *Leporellofaltung* aufbewahrt wurde.

[1]1 Elle = ca. 50 cm

[2]Sebastiano Rodante: La Scienza convalida la Sindone, errata la datazione medievale, Ed. Massimo, Milano 1994, S.75 ff

Webart

Die Webart selbst ist in der Antike bereits bekannt, es ist ein Fischgrätenmuster in Köperbindung. Es handelt sich dabei um eine sehr kostspielige Webart, die im syro-palästinensischen Raum verwendet wurde. Ein derartig wertvoller Stoff, der normalerweise nicht für das Begräbnis eines Verbrechers gebraucht wurde, könnte der neuesten Forschung nach aus der Tempelwerkstatt stammen.[3]

Der amerikanische Chemiker Ray Rogers fand heraus, dass in den Fäden des Grabtuches kein Vanillin mehr vorhanden ist. Vanillin ist eine Substanz, die mit dem Zerfall des Holzbestandteiles Lignin frei wird. Das Grabtuch müsste demnach 2000- 3000 Jahre alt sein.[4]

Ein schon in apostolischer Zeit angenähter Streifen?

Ein vom Grabtuch links abgetrennter und wahrscheinlich in apostolischer Zeit wieder angefügter 8 cm breiter und 380 cm langer Gewebestreifen wurde mittels einer charakteristischen Blindstichsaumnaht angenäht, die man auch bei Textilien aus dem ersten Jahrhundert in Massada gefunden hat.

Da Jesus all seiner Kleider vor der Kreuzigung beraubt wurde, hätte nach Rebecca Jackson der oben erwähnte Streifen als Ersatz für den Gebetsschal, den *Tallit*, gedient, der auch heute

---

[3] Barbara Frale : La Sindone di Gesù Nazareno, Ed. Il Mulino, Bologna 2009, S.80 ff
[4] Ray Rogers: Thermochimica Acta, Bd. 425, S. 189

noch bei orthodoxen jüdischen Begräbnissen verwendet wird. Vielleicht wurde damit der in das Tuch eingehüllte Leichnam in Form des hebräischen Buchstabens *shin* (d.h. *shaddai* = „Allmächtiger") umwickelt[5].

Brandspuren

Zu beiden Seiten des Körperbildes befinden sich charakteristische dunkle Streifen, die durch größere dreiecksförmige Löcher unterbrochen sind. Das sind Spuren eines Brandes aus dem Jahre 1532, als das Tuch in Chambéry aufbewahrt wurde. Die Brandlöcher wurden damals von Klarissinnen mit größter Ehrfurcht und kniend mit Leinenstücken geflickt, die jedoch im Juni/Juli des Jahres 2002 wieder entfernt wurden. Bei dieser sogenannten „Restaurierung" wurde auch das alte holländische Leinen abgetrennt, das dem Grabtuch als Stütze von den Klarissinnen unterlegt worden war. Auch kleinere, L-förmig angeordnete Löcher, die sogenannten „pokerholes", sind zu beiden Seiten der Lendengegend sichtbar. Sie wurden bereits gegen Ende des 12. Jahrhunderts im „Codex Pray" wiedergegeben.

---

[5] Actas del I Congreso Internacional sobre El Sudario de Oviedo, Oviedo 1994, S.323 ff

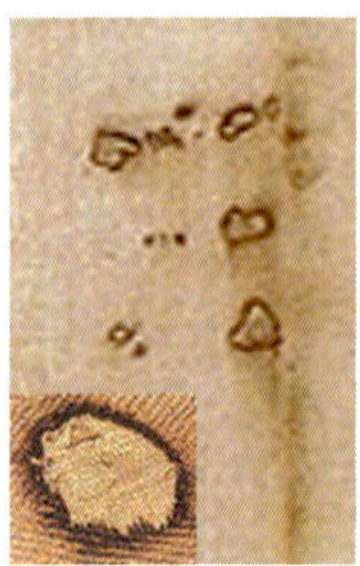

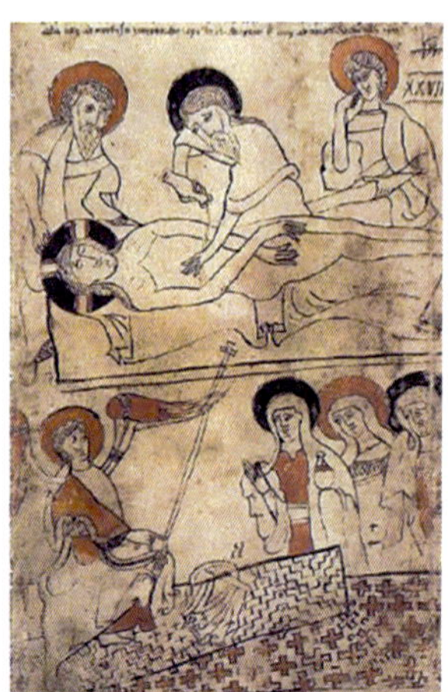

Abb. 2: *links*: Vier besondere Löcher, die ein „L" bilden, befinden sich im Turiner Grabtuch (sehr deutlich rechts und links des Rückens). Sie sind vor dem Brand von Chambéry 1532 entstanden.

Mitte und Rechts:
Der „Codex Pray", 1990 in Budapest wiedergefunden, datiert ungefähr um 1195. Er bestätigt, dass das Grabtuch von Turin tatsächlich vor 1204 in Konstantinopel war. Der Engel zeigt (unten) die Tücher, die im Grab geblieben sind: das Grabtuch weist ein Fischgrätenmuster mit vier Löchern auf, die ein „L" bilden. Auf den gekreuzten Händen (oben) sind nur vier Finger zu erkennen.

III. EIN KREUZIGUNGSOPFER

Ein echtes Kreuzigungsopfer?

Nach Ansicht von führenden Ethnologen handelt es sich bei dem Körperbild um einen circa 30 bis 45 jährigen Mann. Es ist ein anatomisch genau dargestelltes Kreuzigungsopfer mit bemerkenswerten Parallelen zu einem der bekanntesten Kreuzigungsopfer, Jesus Christus. Spätestens seit 1989, also ein Jahr nach dem verhängnisvollen Ergebnis der Radiokarbondatierung des Tuches, das ja bekanntlich große Verunsicherung und Verwirrung gestiftet hat, weiß man, dass das Körperbild nicht künstlich hergestellt worden sein kann, sondern dass es das Abbild eines echten Kreuzigungsopfers ist. Es galt nun zu klären, wer dieser Mann ist.

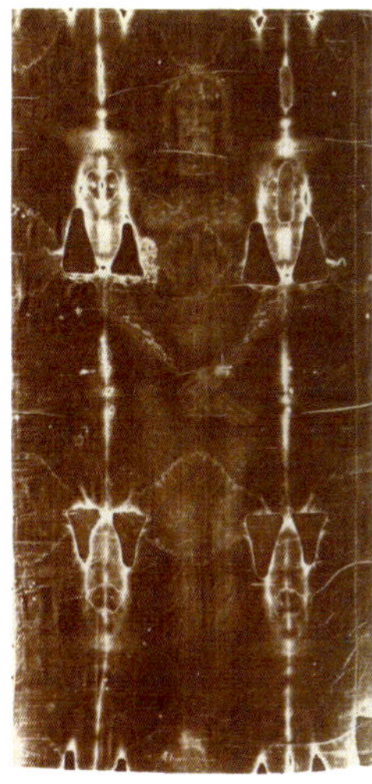

Abb. 3: Vorder- und Rückansicht des „Mannes des Grabtuches" im sogenannten Fotonegativ.

Spuren einer römischen Geißelung

Der Körper ist vorne und hinten mit blutigen, hantelförmigen Wunden übersät. Das sind Spuren einer römischen Geißelung mit einem gefürchteten Folterinstrument, dem *Flagrum taxillatum*, der verknoteten Geißel. Sie bestand aus einem Stiel mit zwei bis drei Lederriemen, an deren Ende paarweise hantelförmige Metallkügelchen, manchmal auch Sprunggelenke von Schafen, befestigt waren. Wie man aus der Hiebrichtung am Rücken und auf der Vorderseite ersehen kann, schlugen zwei ungleich große Henkersknechte auf das unbekleidete Opfer ein, das an eine ca. 63 cm hohe Säule gebunden war. Der Überlieferung nach steht diese Dioritsäule heute in Santa Prassede in Rom. Die Zahl der Schläge bei einer jüdischen Geißelung war auf 40 minus einen begrenzt. Bei einer römischen Geißelung gab es keine Begrenzung, nur sollte das Opfer dabei nicht sterben. Bei Soldaten bzw. Deserteuren wurde die Geißelung allerdings auch als Todesstrafe verwendet. Wenn die Geißelung als Vorstrafe zu einer Kreuzigung gedacht war, so durfte die Zahl der Geißelhiebe höchstens 21 betragen.[6]

Die Geißelung des Opfers des Grabtuches erfolgte *nicht* während des Ganges zur Hinrichtungsstätte, als der Verurteilte das Kreuzesholz auf seinen Schultern trug, denn *unter* den großen Schürfwunden, die vom Querholz verursacht worden waren, befinden sich bereits zahlreiche Geißelwunden. Man kann über 370 Geißelhiebe feststellen. Manche Gerichtsmediziner meinen,

---

[6] Giulio Fanti - Emanuela Marinelli: Cento Prove sulla Sindone, Ed. Messaggero, Padova 2000, S.165

dass der durch diese bestialische Folter hervorgerufene ungeheure Blutverlust und damit auch der Zusammenbruch des Kreislaufes mit ausschlaggebend waren, dass Jesu Agonie am Kreuz nur ein paar Stunden gedauert hat. 2008 wurden auch Geißelspuren entdeckt, vor allem auf der Rückenansicht und auf den Unterschenkeln, die von Ochsenriemen und Ruten stammen. Diese Art der Geißelung wurde vor der Folter mit dem *Flagrum taxillatum* vollzogen.

Sechs symmetrisch angelegte punktförmige Blutspuren im Bereich der Lendengegend, die sich klar von den Geißelwunden unterscheiden, deuten darauf hin, dass man dem Mann des Grabtuches mehrmals einen Fesselgürtel[7] angelegt hat. Dieser Fesselgürtel war innen mit Eisendornen versehen, die bei jeder stärkeren Bewegung in die Haut des Opfers eindrangen, um ihn gefügig zu halten und um eine Flucht zu erschweren.

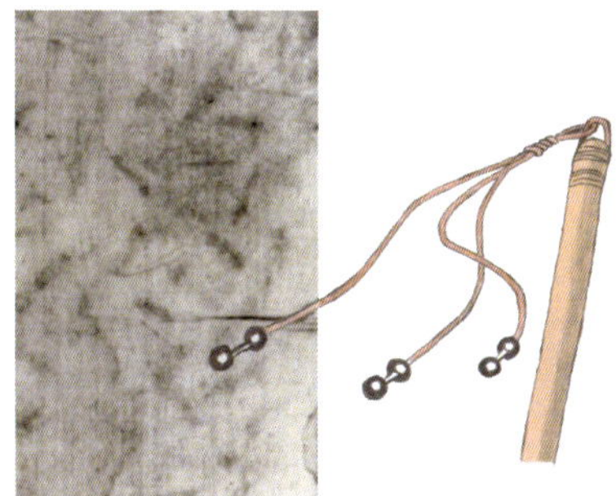

Abb. 4: Die benutzte Geißel ist identifizierbar als ein römisches *Flagrum taxillatum* mit drei Riemen, die mit Bleikugeln oder Knöchelchen (Sprunggelenken von Schafen) versehen waren.

[7] Oswald Scheuermann: Turiner Tuchbild aufgestrahlt? - Nachweisversuch, VDM Verlag Dr. Müller, 2. Auflage, S. 217 ff

Ein Antlitz "voll Blut und Wunden"

Die Betrachtung des Antlitzes weist darauf hin, dass dieses Opfer ein **frommer Jude des ersten Jahrhunderts** war. Das schmale Gesicht mit den hohen Backenknochen, der langen, schmalen Nase (sie ist sowohl auf dem Grabtuch als auch auf dem Schweißtuch von Oviedo nachmessbar 8 cm lang) mit der engen Relation Augen - Nase und vor allem die Haartracht weisen diesen Mann als frommen Juden des ersten Jahrhunderts aus. Wie aus dem Bild ersichtlich, wurden die vier *Peot* (d.h. Ecken) des Hauptes nicht geschoren, das sind der Bart, der Oberlippenbart, Haarsträhnen zu beiden Seiten des Gesichtes und das im Nacken gebundene, lange Haar. Es ist ein Rätsel, wie die Haare bei einem liegenden Körper zu beiden Seiten so fallen können, wie es auf dem Tuch abgebildet ist. Könnte dieses Phänomen nicht schon einen Hinweis auf die Identität dieses Mannes geben? Manche Wissenschaftler meinen, dass der Gekreuzigte ein Gebetskästchen *(Tefillin)* auf der Stirn getragen habe, das während der erlittenen Torturen profaniert wurde. Damit erklärt der Wissenschaftler Alan Whanger das umgekehrte Dreieck und das halbe Quadrat zwischen den Augenbrauen.

Auch die Tatsache, dass weder auf dem Körper noch auf dem Antlitz Anzeichen von Verwesungsflüssigkeit zu sehen sind, bereitet den Wissenschaftlern Kopfzerbrechen. Bei den stark blutenden Wunden müsste der Verwesungsprozess rasch einsetzen. Es müssten auf dem Körperbild Verwesungsflüssigkeit und bei Mund und Nase Höfe von ausströmenden

Ammoniakdämpfen erkennbar sein. Das aber ist nicht der Fall - was ist also mit dem Körper vor dem Verwesungsprozess geschehen?

Eine priesterliche Haltung

Dass dieser Mann nicht nur ein frommer Jude war, sondern höchstwahrscheinlich auch einen **priesterlichen Rang** hatte, verraten laut Wissenschaftlern die über dem Leib gekreuzten Hände, wie überhaupt die respektvolle Darstellung des entblößten Körpers auf ein Opfer jüdischer Herkunft schließen lässt.[8] Das Gesicht selbst ist über und über mit Blut und Wunden bedeckt. Im Computerbild des Antlitzes kann man genau die einzelnen Phasen des Leidens dieses Mannes nachvollziehen: Man erkennt Schlagwunden an beiden Augenbrauen - sind es tatsächlich Schläge, oder wurden sie durch schwere Stürze verursacht, als das Opfer, das auf den Schultern das *Patibulum* (das ist das Querholz des Kreuzes) schleppte, vor Schwäche wiederholt zusammenbrach und es zu schweren Stürzen kam, wobei der Verurteilte sich nicht mit den Händen abstützen und das Gesicht so schützen konnte? Weiters erkennt man ein eingerissenes rechtes Augenlid, eine große Schwellung auf dem rechten Auge, eine geschwollene Nase mit leichter Verschiebung der Nasenspitze, eine Linie vom rechten Backenknochen über die verletzte Nase bis zum linken Augenlid, die möglicherweise von einem Stockhieb herrührt. Löcher seitlich der Nase, die vielleicht von Bleikugeln

[8] G. Fanti - E. Marinelli: Cento prove sulla Sindone, S.155

einer römischen Geißel stammen, ungleiche Schwellungen an den Wangen, eine Schwellung an der linken Seite des Kinns mit einem Fleck, der auf ein Stück ausgerissenen Bartes hindeutet.

Strafe für Gotteslästerung

Das Ausreißen des Bartes war eine der Strafen für Gotteslästerung. Dieser Mann wurde also wegen Blasphemie, wegen Gotteslästerung, verurteilt. Auf **Gotteslästerung** stand das Todesurteil durch Steinigung. Die Hohenpriester zwangen jedoch Pilatus das religiöse Verbrechen in ein politisches Verbrechen umzumünzen. Daher wurde dieser Mann von den Römern als politischer Verbrecher, als **König der Juden**, verurteilt. Auch dafür finden sich Spuren im Antlitz. Auffallend ist, dass alle Blutspuren senkrecht vom oberen Teil des Gesichtes, von den Haaren herabfließen. Damit wird bestätigt, dass dieser Mann die blutigen Torturen in aufrechter Haltung erlitten hat.

Die zahlreichen aus Mund und Nase fließenden Blutspuren stimmen mit den Blutflecken des Schweißtuches von Oviedo[9] überein. Dieses Tuch wurde - wie eingangs erwähnt - auch im Grab Christi aufgefunden und wird seit dem 9. Jahrhundert in Oviedo in Asturien (Nordspanien) als eine der kostbarsten Reliquien der Christenheit aufbewahrt. 614 wird es noch in Jerusalem erwähnt und tritt infolge des Persereinfalles in

[9]Weitere Erläuterungen dazu im 4. Teil dieses Buches

Jerusalem eine lange Irrfahrt an, bis es, den historischen Quellen nach, spätestens im 8. Jahrhundert in Spanien eintrifft. An Hand der auf dem Schweißtuch befindlichen Flecken lässt sich genau rekonstruieren, was zwischen Todeseintritt und Grablegung am 14. Nisan des Jahres 30 geschehen ist.

Ein mit Dornen gekrönter „König der Juden"?

Die am Grabtuch auffallende Blutspur auf der Stirn, die einem Epsilon bzw. einer umgekehrten Drei ähnelt, wurde durch die Verletzung einer Gesichtsvene hervorgerufen, während die Blutspuren, die die Form einer Eins aufweisen, arterielles Blut enthalten. Der ganze Hinterkopf ist mit zahlreichen Blutspuren übersät, die auf stichartige Verletzungen hinweisen. Sie stammen vermutlich aus den Zweigen des Stechdorns, des *Paliurus Spina Christi* bzw. des *Zizyphus Spina Christi,* des Christusdorns, des *Rhamnus Lycioides,* des Kreuzdorns und der *Gundelia Tournefortii,* der dornigen Distel, deren Pollen sich ebenfalls auf dem Sudario von Oviedo befinden. All diese blutigen Stirn- und Kopfwunden lassen auf die rituelle Verhöhnung des Opfers schließen. Als König der Juden wurde er mit einer Dornenkrone, die nach orientalischer Art eine Dornenhaube war, dem Spott der Kriegsknechte preisgegeben. Man nahm einige Zeit lang an, dass der Binsenreifen, der heute noch in Paris in der Kathedrale Notre Dame als Dornenkrone verehrt wird, von dem Binsengeflecht stammt,

mit dem die Dornenhaube auf dem Kopf des Opfers zusammengehalten wurde.
Diese Dornenkrone wurde mit anderen Reliquien 1239 von König Ludwig IX. dem Heiligen nach Paris gebracht und in der eigens nach byzantinischem Vorbild erbauten Sainte Chapelle bis zur Französischen Revolution aufbewahrt. Alan Whanger gibt jedoch eine andere Erklärung: Er fand 2002 über der rechten Schulter des Mannes des Grabtuches die Abbildung einer zweiten Dornenkrone. Sie wäre aus den dornigen Zweigen der *Gundelia Tournefortii* und anderer dorniger Stechpflanzen geflochten gewesen. Jesus wäre demnach mit zwei Kronen verhöhnt worden:

- Mit einer hohen Priesterkrone, um ihn als Hohenpriester zu verspotten
- und mit einem Reifen, vergleichbar dem kaiserlichen Lorbeerkranz, um ihn als König zu schmähen. Dieser Reifen wäre demnach die Pariser Dornenkrone.

Die Abbildung der Haare lässt nach Prof. Scheuermann[10] darauf schließen, dass sie kurze Zeit vor dem Todeseintritt mit Öl gesalbt worden waren, sonst ergäben sie nicht eine solch deutliche Abbildung wie auf dem Grabtuch.

---

[10] Oswald Scheuermann: Turiner Tuchbild aufgestrahlt? - Nachweisversuch, VDM Verlag Dr. Müller, 2. Auflage, S. 119 ff

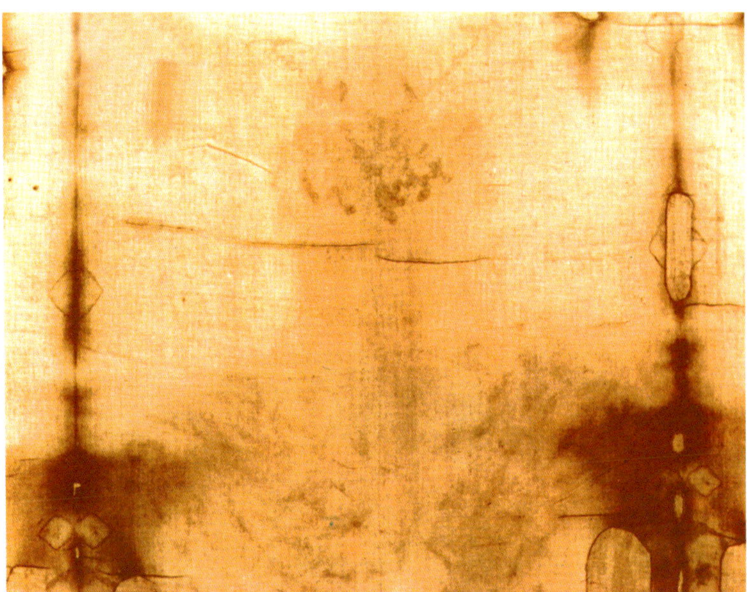

Abb. 5: Auf dem Nacken sieht man mehrere Blutflecken, ähnlich denen auf der Stirn, zusammen mit der Verletzung von tiefen Blutadern durch lange Dornen - vielleicht vom Typus *Ziziphus Spina Christi* und der *Gundelia Tournefortii* (dornige Distel) und dem *Rhamnus Lycioides* (Kreuzdorn).

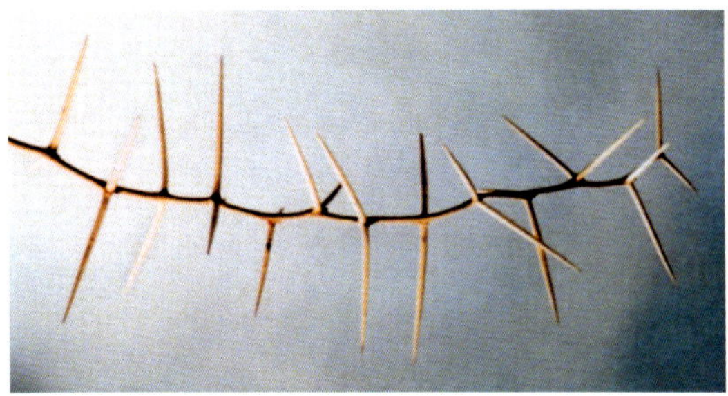

Abb. 6: *Ziziphus Spina Christi*

Abb. 7: Christus, dargestellt mit einer **priesterlichen Dornenkrone**. „Dornenkrönung" aus den Passionsfresken am Albertinischen Chor des Wiener Stephansdoms, Ende 15. Jhd.

Abb. 8: Die Dornenkrone in der Pariser Kathedrale: Sie könnte zur Verhöhnung Christi **als König** gedient haben.

INRI

1997 fanden französische Ingenieure Schriftzüge auf dem Antlitz, die auf Hinrichtungsart und Identität des Mannes schließen lassen. Da diese Schriftzüge mit der Schrift der in Rom in Santa Croce in Gerusalemme aufbewahrten Kreuzestafel übereinstimmen, vermutet man eine antik-jüdische Herkunft aus dem ersten Jahrhundert.[11] Die Historikerin

Barbara Frale vermutet jedoch in diesen Schriftzügen Abdrücke von Papyrusstreifen, die als Prozessakte Jesu verfertigt wurden.[12] Sie gäben die Identität des Hingerichteten (auf Griechisch), seine Anklage (auf Aramäisch) und sein Todesurteil (auf Lateinisch) an. Außerdem sind möglicherweise das Todesjahr, der Zeitpunkt der Kreuzesabnahme (griechisch) und der voraussichtliche Monat der Übergabe der Knochenreste (hebräischer Monat *Adar sheni*) angeführt. Diese Schriftzeichen hätten die Funktion eines amtlichen „Totenscheines" und einer gerichtlichen „Bestattungserlaubnis". Mario Capasso datiert sie zwischen 50 v. Chr. und höchstens 50 n. Chr.[13]

---

[11]André Marion - Anne-Laure Courage: Nouvelles découvertes sur le Suaire de Turin, Albin Michel, 1997 / Michael Hesemann: INRI - Die Jesus-Tafel, Herder, Freiburg im Breisgau, 1999

[12]Barbara Frale: La Sindone di Gesù Nazareno, Ed. Il Mulino, Bologna 2009

[13]Ebd. S.287

Der Gang nach Golgatha

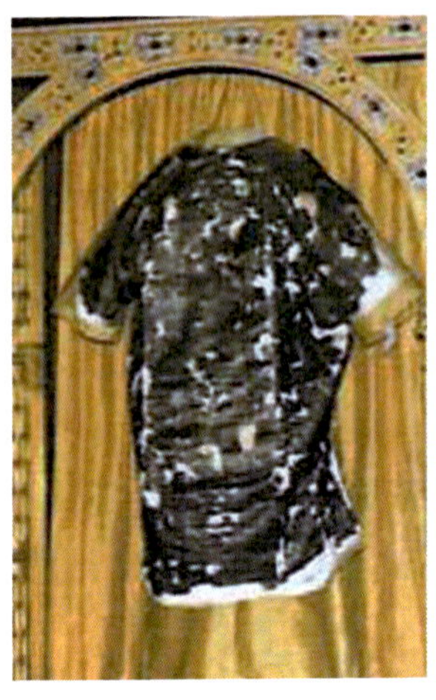

Abb. 9:
Die „Tunique d'Argenteuil" ist das Gewand, das Jesus auf dem Gang nach Golgotha getragen haben soll.

In der Nähe von Paris, in Argenteuil, wird ein aus feiner Wolle gewebtes Kleidungsstück aufbewahrt, die sogenannte *Tunique d'Argenteuil,* die Jesus der Überlieferung nach während seines Ganges nach Golgatha unter dem *Patibulum* (dem Querbalken des Kreuzes) getragen haben soll. Die Blutflecken auf der *Tunique d'Argenteuil* wurden mit den Schulter- und Rückenwunden des Grabtuches verglichen. Sie sind mit diesen deckungsgleich und bestätigen sogar, dass das Opfer zu einem gewissen Zeitpunkt das Querholz des Kreuzes nur auf einer Schulter getragen und dass dieser Balken blutige Spuren auf dem ganzen Rücken bis zum Gesäß hinterlassen hat. Wahrscheinlich sind diese Spuren ebenfalls durch Stürze verursacht worden. Erdspuren am linken Knie, auf der rechten Ferse und an der Nasenspitze lassen ebenfalls vermuten, dass das barfüßige Opfer während des Ganges nach Golgatha mehrmals zusammengebrochen ist. Diese Erdspuren enthalten Aragonit, welchen man in der Erde von Golgatha feststellen kann.

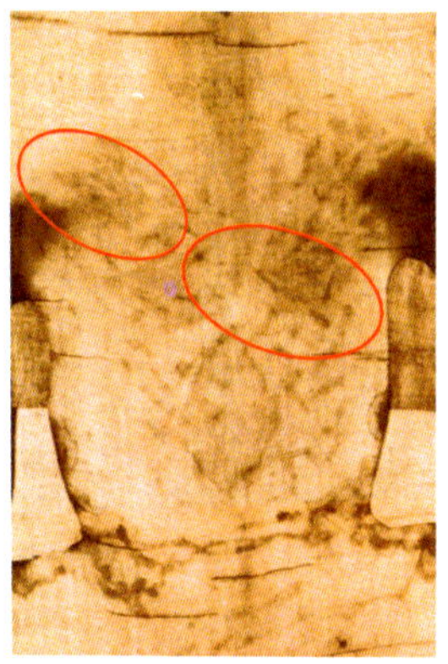

Abb. 10: Der Verurteilte trug nur den Querbalken des Kreuzes, das *Patibulum*. Deutlich auf dem Grabtuch zu erkennen sind Verletzungen an der Schulter und dem Schulterblatt.

Die Kreuzigung

Dass es sich um ein anatomisch eindeutig realistisch dargestelltes Kreuzigungsopfer handelt, verraten die Wunden am Handgelenk, die wegen der Verletzung des *nervus medianus* eingeklappten, **nicht sichtbaren Daumen** und die verschieden verlaufenden Blutspuren an den Unterarmen. Der aufgeblähte Brustkorb und die tief eingesunkene Magengrube lassen auf die furchtbare, von Atemnot gekennzeichnete Agonie dieses Opfers schließen. Diese quälende Atemnot ist auch im blutigen Lungenödemgemisch des Schweißtuches von Oviedo feststellbar. Damit der Verurteilte nicht zu früh seinen Qualen erliegt, wurden die Füße ebenfalls angenagelt, wie zwei stark blutende Wunden auf der rechten Fußsohle erkennen lassen. Und zwar wurde zuerst der rechte Fuß mit einem Zimmermannsnagel in Höhe der Fußwurzelknochen (zwischen Keilbein und Kahnbein) an das Kreuzesholz geheftet und dann der linke Fuß über dem rechten mit einem zweiten Zimmermannsnagel durchbohrt. Je ein echter Kreuzesnagel wird heute in Santa Croce in Gerusalemme in Rom und in Santa Maria della Scala in Siena aufbewahrt.

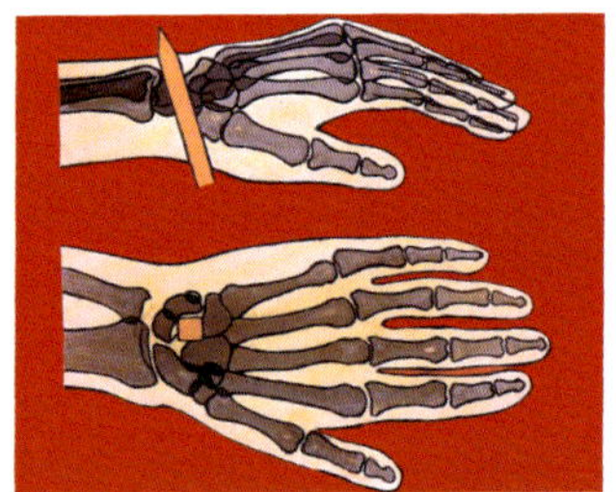

Abb. 11: Die Wunde wurde verursacht von einer Durchbohrung des Handgelenkes (und nicht der Handfläche, die das Körpergewicht unmöglich hätte halten können). Diese Verletzung bewirkt die Zusammenziehung des Daumens nach innen. Dadurch sind auf dem Tuch nur vier Finger an jeder Hand sichtbar.

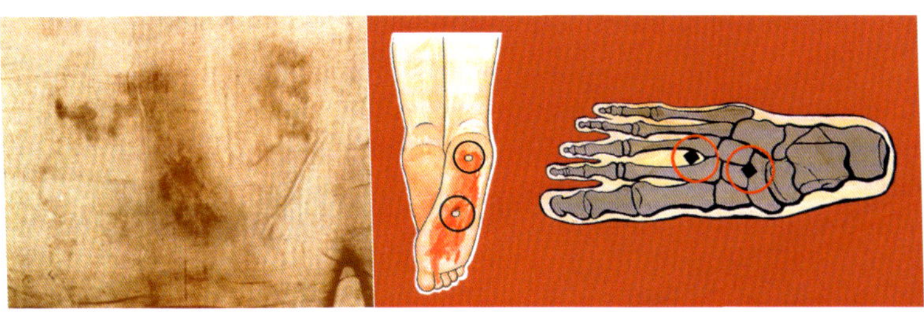

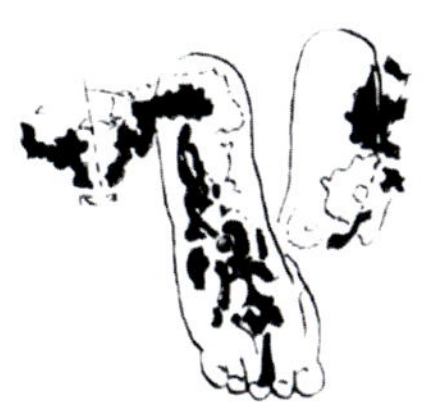

Abb. 12: Die Füße wurden über Kreuz genagelt. Zuerst wurde der rechte Fuß mit einem Zimmermannsnagel in der Höhe der Fußwurzelknochen angenagelt („espace de Mérat"?), dann der linke Fuß darüber mit einem zweiten Zimmermannsnagel.

Das schiefe *Suppedaneum* (Fußstütze) der orthodoxen Kreuze

Der durch die Leichenstarre verkürzt erscheinende linke Fuß wurde bei byzantinischen Malern als Missbildung gedeutet, so dass man in orthodoxen Kreisen dachte, Christus habe gehinkt. Daher das schiefe *Suppedaneum* (Fußstütze) bei orthodoxen Kreuzen und die Darstellungen des Jesuskindes auf Ikonen mit einem verdrehten oder verkrüppelten Füßchen.

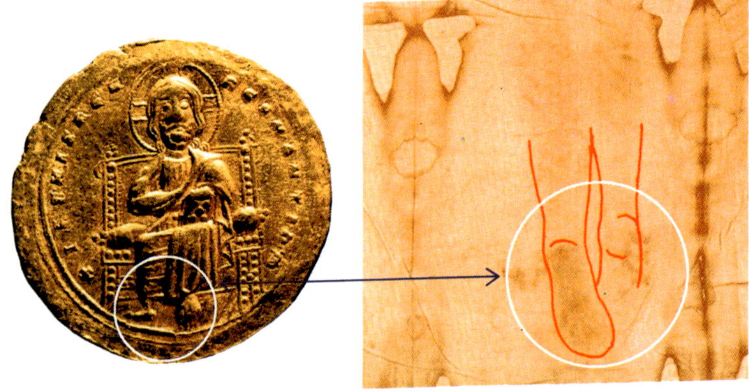

Abb. 13: Byzantinische Münze, datiert auf das Jahr 869. Sie stellt Christus mit einem schmäleren und um 90 Grad verdrehten Fuß gegenüber dem anderen dar. Die Darstellung dieser Anomalie könnte mit einer falschen Deutung des Grabtuches in Zusammenhang stehen, bei der das Kreuzigungsopfer scheinbar ein Bein kürzer als das andere hat.

Abb. 14: Das „schiefe Suppedaneum" (Fußstütze) der orthodoxen Kreuze.

Die Durchbohrung des Herzens

Bei jüdischen Hinrichtungen musste der Tod noch vor Sonnenuntergang gesichert sein.[14] Daher zerschlug man den Verurteilten die Beine, um den Todeseintritt zu beschleunigen. Das Tuch zeigt eindeutig, dass diesem Kreuzigungsopfer die Beine nicht durch *crurifragium* (d.h. das Zerschlagen der Unterschenkel) zertrümmert wurden, sondern sein bereits eingetretener Tod wurde durch die Durchbohrung des Herzens, die *Transverberatio*, bestätigt. Das war kein Gnadenstoß, wie das Tuch erkennen lässt, sondern der Beweis, dass dieses Opfer schon tot war, wie es im Johannesevangelium (19,33-37) heißt. Der Einstich erfolgte zwischen der fünften und sechsten Rippe mittels einer römischen *Lancea*. Die auseinanderklaffenden Wundränder und der schwallartige Blut - und Serumsaustritt postmortalen, bereits zersetzten Blutes sind ein Hinweis, dass der Herzeinstich nach dem Tod erfolgt ist, denn andernfalls hätte sich der Wundkanal sofort zusammengezogen. Die Seitenwunde und das blutige Lungenödemgemisch aus Mund und Nase auf dem Schweißtuch, das mit jeglicher Atemtätigkeit unvereinbar ist, geben unmissverständlich Antwort auf die Frage, ob Jesus am Kreuz gestorben ist und schon tot war, als er ins Grab gelegt wurde, und widerlegen alle Argumente der Scheintodtheorie.

---

[14] Vgl. Deut 21,23

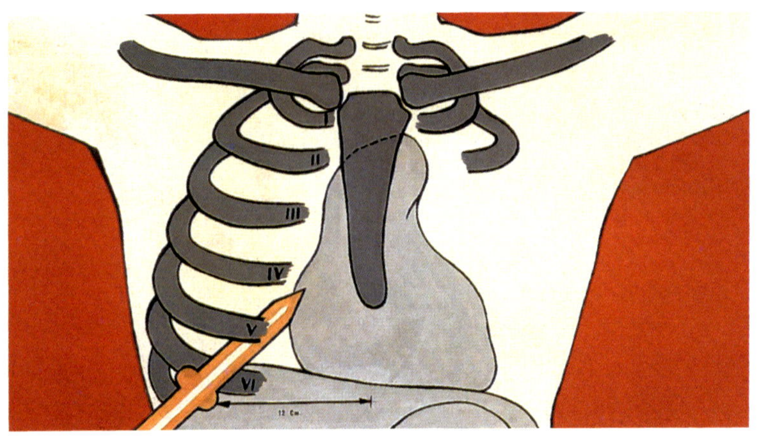

Abb. 15: Dem Mann des Grabtuches wurde *nach* seinem Tod eine Verletzung zugefügt, die von einer römischen Lanze stammen könnte (Klingenbreite 4,5 cm). Aus dieser Wunde sind Blut und Serum ausgetreten, wie auf dem Grabtuch ersichtlich ist.

Welchen Tod stirbt ein Gekreuzigter?

Normalerweise erfolgt der Tod am Kreuz durch totale Erschöpfung, verbunden mit höchster Atemnot nach einer qualvollen Agonie von mehreren Tagen. Dass der Tod Jesu verhältnismäßig rasch eingetreten sein muss, verrät - nach Meinung einiger Wissenschaftler – sowohl das majestätisch anmutende, hoheitsvolle Antlitz sowie der schwallartige Blutaustritt aus der Seitenwunde, wo bereits Blut und Serum getrennt herausfließen. (Der Evangelist Johannes spricht von Blut und Wasser in 19,36). Nach Meinung des Arztes Luigi Malantrucco handelt es sich dabei um **Blut aus dem**

Herzbeutel, dem Perikardsack, infolge einer **Herzruptur,** deren Ursache wieder ein mehrere Stunden zurückliegender Herzinfarkt (*Myocardinfarkt*) gewesen sein muss, den Jesus durch die hohe physische und psychische Stresssituation am Ölberg erlitten haben dürfte. Die gewaltsame Erweiterung des Herzbeutels (*die Perikardtamponade*) ruft einen stechenden Schmerz unter dem Brustbein hervor, der meist einen gellenden **Schrei** auslöst, darauf erfolgt sofort der Tod (genau diese Situation wird bei Mt 27,50 und Mk 15,37 beschrieben). Dieser rasche Todeseintritt, der bei vollem Bewusstsein und nach einer ungeheuren physischen Anstrengung erfolgt, ergibt eine **sofort eintretende Leichenstarre,** die ebenfalls auf dem Grabtuch ersichtlich ist.[15]

"Wie es bei den Juden Begräbnissitte ist"

Die am Tuch vorhandenen Blutabdrücke bestätigen die Aussage von Johannes 19,40, wonach Jesus begraben worden sei, "wie es bei den Juden Begräbnissitte ist". Das Tuch zeigt, dass keine *Taharah* (d. h. Leichenwäsche) vorgenommen wurde, da er

- eines gewaltsamen Todes gestorben ist, bei dem Blut ausgetreten ist. Dieses Blut durfte nicht abgewaschen werden, da Blut im jüdischen Verständnis Leben, Seele, Heiligkeit bedeutet

---

[15]Luigi Malantrucco: La Sindone, testimone della nostra redenzione, Nuove Frontiere Editrice, Roma 1988, S.43 ff

- wegen eines religiösen Verbrechens verurteilt worden war
- aus der jüdischen Gemeinschaft ausgestoßen worden war
- von Nicht-Juden getötet worden war.

Alle diese Kriterien, die eine *Taharah* verbieten, treffen auf Jesus zu. Der Leichnam Jesu wurde in ein Grab gelegt, wo kein anderer Leichnam gelegen hatte,[16] damit niemand durch einen Leichnam verunreinigt würde, der keine *Taharah* erhalten hatte. Der eilig hergestellte *Tallit* (Gebetsschal) wurde bereits erwähnt. Das kostspielige Leinentuch ist ein Hinweis auf ein jüdisches Begräbnis bis zum Jahre 70. Normalerweise wurde es jedoch für keinen Verbrecher verwendet: Hingerichtete verwesten in einfache Tücher gehüllt direkt im Boden einer eigenen Begräbnisstätte. Dass die frommen Frauen am Ostermorgen den Leichnam salben und so das Begräbnis zu Ende führen wollten, ist so zu verstehen, dass sie nach jüdischem Brauch parfümhaltige Öle über das Grabtuch ausgegossen hätten. Gewöhnlich wurden die Gräber auch nicht versiegelt oder verschlossen, sondern blieben zumindest eine Zeit lang offen, damit man Aromata über die Banktroggräber gießen konnte.
Die Versiegelung des Grabes war eine Vorsichtsmaßnahme von Pilatus (Mt 27,65-66), damit die Jünger den Leichnam nicht stehlen konnten.

---

[16] Vgl. Joh 19,41, Lk 23,53 und Mt 27,59

Das Blut, das "die Verwesung nicht geschaut hat"

Das Blut des Grabtuches und des Schweißtuches wurde eingehenden chemischen und gerichtsmedizinischen Untersuchungen unterzogen. Es handelt sich eindeutig um menschliches, männliches Blut mit der in Europa eher selteneren **Blutgruppe AB**. Das Blut des im 8. Jahrhundert in Lanciano erfolgten Hostienwunders weist dieselbe Blutgruppe auf. Die Hostie selbst wurde damals in lebendes Herzmuskelgewebe verwandelt. Das Blut des Grabtuches ist leuchtend rot und enthält demnach eine hohe Quantität an *Bilirubin. Bilirubin* ist ein gelblicher Farbstoff, der in der Leber synthetisiert und bei Patienten mit inneren Blutungen diagnostiziert wird. Prof. Carlo Goldoni hat jedoch 2008 eine verblüffende Entdeckung gemacht, nämlich, dass sich antikes Blut bei intensiver UV-Strahlung hellrot färbt. Es ist interessant zu bemerken, dass das Blut des Grabtuches eine hellrote Farbe aufweist, die getrockneten Blutflecken des Schweißtuches von Oviedo und die der Tunika von Argenteuil aber ihren bräunlichen Charakter bewahrt haben. Sollte diese Tatsache bereits ein Hinweis auf die Lage der Tücher bei der Bildentstehung sein? Das Blut hat noch über den Tod des Gekreuzigten hinaus seine besondere Bedeutung. Es ist sozusagen die **Visitenkarte des Opfers** des Grabtuches. Wie bereits an Gesicht und Körper feststellbar, hat auch **das Blut des Mannes die Verwesung nicht geschaut**.

Gerichtsmediziner konnten bei dem eingehend untersuchten Blut dieses Toten den Beginn der Bluterweichung der Blutkrusten, der sogenannten *Fibrinolyse*, erkennen. Dieser

Prozess wurde aber nach ca. 36 Stunden durch ein einmaliges, nicht wiederholbares Ereignis gestoppt, sodass am Tuch die **perfektesten Blutabdrücke** ersichtlich sind. Es ist **koaguliertes und wieder erweichtes Blut,** das die Gewebefasern durchtränkt hat und stellenweise auf der Rückseite des Grabtuches zu sehen ist (wobei die um die Blutkrusten liegenden Serumhöfe im UV-Licht zart fluoreszieren). Es ist für die Wissenschaftler absolut unerklärlich, wieso der Kontakt zwischen Körper und Tuch so unterbrochen worden sein kann, dass dabei die **Blutabdrücke nicht verändert** und das textile **Gewebe nicht beschädigt** worden ist.

IV. EIN BILD VOLLER RÄTSEL

Ein Bild voller Rätsel

Im Gegensatz zu den Blutflecken hat das **Körperbild das Gewebe nirgends durchdrungen**, sondern es wurden nur einzelne Fasern (nur 2-3 von ca. 200 eines Fadens) oberflächlich verfärbt, gleichsam oxydiert. Das Mark der Faser selbst ist davon nicht betroffen. Auf der Rückseite des Grabtuches ist das Körperbild nicht zu sehen, außer stellenweise im **Bereich des Gesichtes,** wo eine **doppelte Oberflächenverfärbung** zu erkennen ist. Die Verfärbung der oxydierten Fasern geht nie tiefer als 0,2 Mikrometer (2 Zehntausendstel eines Millimeters). Das Körperbild erscheint daher äußerst zart. Da *unter* den Blutkrusten kein Körperbild zu sehen ist, müssen die

Blutabdrücke vor dem Körperbild entstanden sein. Die *außerhalb* des Körperbildes liegenden Blutspuren, z.B. am linken Ellbogen (im fotografischen Negativ ist es der rechte Ellbogen) sind ein Beweis dafür, dass das Tuch über einem erhabenen Gegenstand (also einem echten Körper) gelegen hat und dass die Blutabdrücke durch echten Kontaktabdruck entstanden sind.[17] Das Bild der Rückenansicht scheint jedoch durch das Gewicht des Körpers nicht beeinflusst worden zu sein. Es ist für den heutigen Stand der Wissenschaft absolut unerklärbar, wieso ein Tuch, das einen Körper umhüllt hat, ein Bild ergeben konnte, das den Leichnam quasi unverzerrt wie in einer frontalen Spiegelansicht bzw. wie in einer frontalen Fotoansicht zeigt.

Der Weg des Grabtuches durch die Geschichte Pollenfunde und Pflanzenbilder

Der nicht lückenlos nachvollziehbare Weg des Grabtuches von Jerusalem über Edessa in der Türkei, über Konstantinopel, Athen, Paris, Lirey, wo es zum ersten Mal in Europa öffentlich – vermutlich im Jahre 1355 – von der Familie des Geoffroy de Charny ausgestellt wurde, wird durch Pollenfunde von Pflanzen erhärtet, die längs dieses Weges vorkommen. Aber nicht nur Pollen, sondern ganze Pflanzenabdrücke konnten auf dem Grabtuch ausfindig gemacht werden. Einer der ersten

---

[17] Gilbert Lavoie: Resurrected, Shroud's message revealed 2000 years later, Thomas More 2000, S.92

Wissenschaftler, der die Umrisse einer Kronenchrysantheme entdeckte, war Oswald Scheuermann, der bereits in den achtziger Jahren eine sensationelle Erklärung für die Bildentstehung geben sollte. Israelische Wissenschaftler wie Avinoam Danin und Uri Baruch fanden Abdrücke von Pflanzen, die **nebeneinander nur in der Umgebung von Jerusalem** vorkommen, wie das Jochblatt, das *Zygophyllum dumosum*, die Felsenrose, *der Cistus creticus* und die dornige Distel, die *Gundelia Tournefortii.* Es wurden 28 Gattungen entdeckt, die alle *nur* im März - April blühen.

Die auf dem Tuch erkennbaren Pollen und Pflanzenabdrücke weisen also ebenfalls auf den orientalischen Ursprung des Tuches hin. Es ist ein äußerst berührendes Detail der Grablegung, dass man um das Haupt des Gekreuzigten, um und auf den Oberkörper und zu beiden Seiten der Schultern ein wahres Blütenmeer gelegt hat. Blumen spielen heute noch in der orthodoxen Liturgie eine große Rolle.

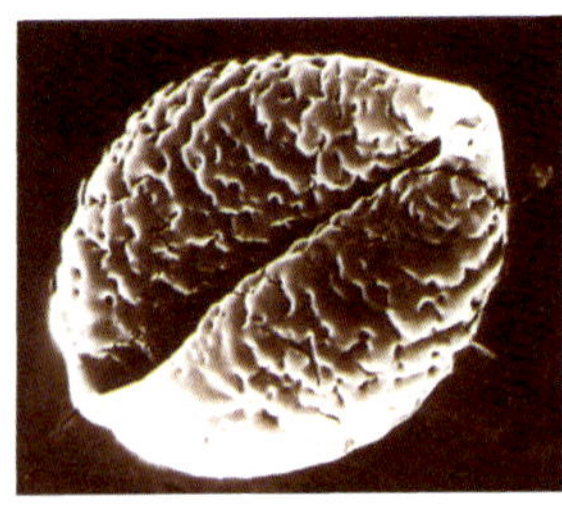

Abb. 16:
1973 findet Max Frei-Sulzer (ein Kriminologe der Schweizer Polizei) auf dem Grabtuch Pollen, die aus verschiedenen Regionen stammen, in denen sich das Gewebe befunden haben könnte (Jerusalem, Totes Meer, Ost-Türkei, Konstantinopel, Europa). 2001 finden die beiden israelischen Pollenspezialisten Danin und Baruch Pollen von Pflanzen, die gleichzeitig nur in der Gegend zwischen Jerusalem und Hebron wachsen.

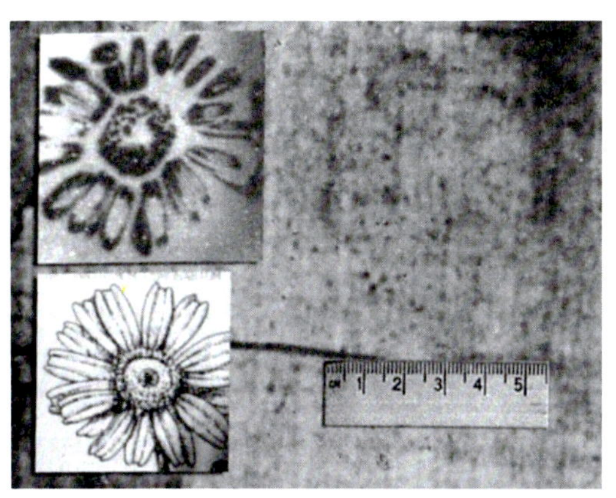

Abb. 17: In einem starken elektomagnetischen Feld weisen bestimmte Gegenstände wie Münzen oder Pflanzen an den Rändern Spitzenentladungen auf, die als « Büschelentladungen » bekannt sind. Der Physiker Prof. Scheuermann hat dazu zahlreiche Versuche unternommen, um die Einwirkungen von Büschelentladungen (unter Aufblitzen per Emissionseffekt mittels Elektronen) auf Leinen aufzuzeigen. In der Abbildung links oben eine durch diesen Effekt hervorgerufene Kronenchrysantheme auf Leinen, rechts dazu im Vergleich die vermuteten Umrisse einer Kronenchrysantheme auf dem Turiner Grabtuch

Abb. 18 : Nach diesen Erkenntnissen war das Grabtuch mit einem „Blütenmeer" von Blütenköpfen übersät worden, wie hier von dem Nahost-Pflanzenspezialisten Danin anschaulich rekonstruiert wurde.

Münzabbilder auf den Augen des Toten und das Datum der Kreuzigung?

Obwohl die Existenz von Münzabdrücken auf den Augenlidern derzeit von einem Teil der Wissenschaftler bestritten wird, soll dieses Forschungsgebiet hier nicht unerwähnt bleiben. Zu Beginn der achtziger Jahre entdeckte nämlich der Amerikaner Francis Filas auf dem rechten Augenlid den Abdruck einer Münze aus der Zeit des **Pontius Pilatus,** eines *Dilepton lituus*, mit einem **charakteristischen Prägefehler,** wie er nur in den Jahren **29 und 30 in Jerusalem** in Umlauf war (!). Denn Kaisaros der Inschrift *Tiberiou Kaisaros* wurde statt mit einem K mit einem C geschrieben. Ob sich das Pendant dazu oder eher ein *Lepton simpulum* auf dem linken Augenlid bzw. auf dem linken Augenbrauenbogen befunden hat, ist für die Experten noch weniger geklärt. Dieses Forschungsgebiet erhärtet die Hypothese, wonach das Datum der Kreuzigung am 7. April des Jahres 30 gewesen wäre und datiert somit den ersten Ostertermin auf den frühen Morgen des 9. Aprils 30.

Abb. 19: *Ein Dilepton lituus*

„Sein Antlitz leuchtete wie die Sonne" (Mt 17, 2)

Aber wie können sich in so kurzer Zeit Münzen auf einem Tuch abbilden? Normalerweise nur durch **Strahlung.** Ebenfalls auf Strahlung deutet die im Körperbild enthaltene **Dreidimensionalität.** Einigen Wissenschaftlern ist es gelungen, aus den unterschiedlichen Helligkeitswerten des Körperbildes auf dem Tuch die entsprechende Distanz von Körper und Tuch zu errechnen und aus diesen Werten ein Relief des Körpers nachzubilden. Die hohe optische Auflösung, die unverzerrten Gesichtszüge und die Wasser- und Hitzebeständigkeit weisen ebenfalls auf Strahlung hin. Es gibt auf dem Körperbild Stellen, die *nicht* mit dem Tuch Kontakt hatten, wie zum Beispiel die Knöchel bzw. die Kniekehlen. Das Bild erscheint demnach wie eine **orthogonale** (lotrechte) **Projektion** nach oben und nach unten, die durch eine unbekannte **Energiequelle aus dem Körper** hervorgerufen worden sein muss. Manche Wissenschaftler heben auch die im Vergleich zum übrigen Körperbild stärkeren Helligkeitswerte auf dem Antlitz hervor, was dort auf eine besondere Energiequelle schließen lässt. Einige Wissenschaftler verweisen hier auf das einmalige, nicht wiederholbare Ereignis, das auch die *Fibrinolyse* gestoppt haben muss - es muss eine vom Leichnam ausgehende, absolut unbekannte Strahlung wie ein **Energieblitz** auf das noch feuchte Tuch gewirkt haben. Eine Art **Büschelentladung,** sagt der Nürnberger Physiker Oswald Scheuermann, wie sie in freier Natur nur bei Blitzentladungen vorkommt, denn die auf dem Tuch abgebildeten Gegenstände (wie z.B. Pflanzen, Münzen etc.)

scheinen an den Rändern Spitzenentladungen aufzuweisen. Dabei muss es auch zur Bildentstehung und dem Verschwinden des Leichnams aus dem Tuch gekommen sein. Olivier Clément, ein orthodoxer Theologe, spricht sogar vom blitzartigen „Verbrennen des Osterlammes"[18]. Prof. Paolo di Lazzaro hat 2008 Versuche gemacht, Leinen mit Laser zu bestrahlen, und eine Oberflächenverfärbung ähnlich dem Grabtuch erzielt. Prof. Fanti meint, um ein Bild wie auf dem Grabtuch mit einer Prägefläche von ca. 1,7 m^2 herzustellen, müsste man im Leichnam eine Energiequelle von 14.000 Lasern zur Verfügung haben und eine Spannung von 60 bis 100 Megavolt, wobei die Bildentstehung innerhalb einer Nanosekunde (Milliardstel Sekunde) erfolgen müsste. Menschlich gesprochen ein Ding der Unmöglichkeit!

Abb. 20: Die Bildentstehung im unteren und oberen Teil der dem Leichnam zugewandten Tuchinnenseite lässt sich auf eine unbekannte **Energiequelle im Körper** zurückführen, die das Doppelbild durch seine Strahlung in lotrechter Projektion nach oben und unten hervorgerufen haben muss. Ausschnitt aus dem Gemälde der Grablegung von Mario Caffaro Rore.

---

[18] Vgl. Ex 12,10; Videokassette „Sindone" Il Volto del mistero, Messagero di Sant'Antonio, Padova 2000 / G. Fanti - E. Marinelli: Cento prove, S.172

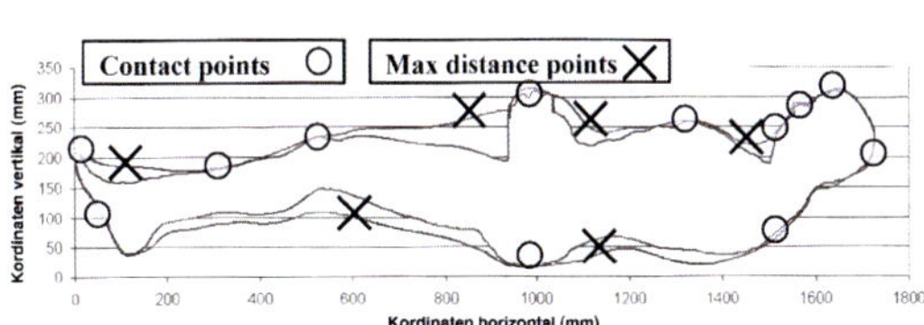

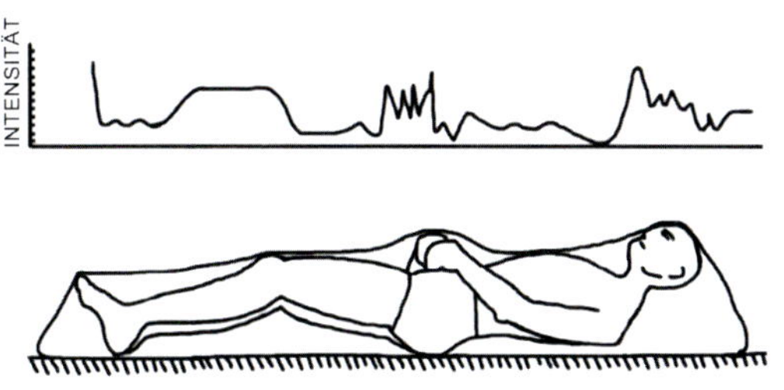

Abb. 21: Es lässt sich im Diagramm eine **proportionale Dichte der Distanz zwischen dem Körper und dem Leinen** feststellen: je näher das Tuch am eingehüllten Körper zu liegen kam, desto intensiver wurden die Abbildspuren, je weiter es bei der Abbildung davon entfernt war, umso schwächer wurden sie (bei 4-8 cm lag die Abbildungsgrenze). Durch diese Information kann das dreidimensionale Bild des Mannes des Grabtuches erstellt werden.

1974 erstellte der Franzose Paul Gastineau das erste dreidimensionale Bild des Gesichtes.

Im Jahre 1976 erstellten Amerikaner mit ihrem Bildanalyserechner VP 8, den damals die NASA benutzte, dieses dreidimensionale Bild des ganzen Körpers.

Ein nicht von Menschenhand gemachtes „Lichtbild"?

Seitdem der Amateurfotograf Secondo Pia durch „Zufall" entdeckt hatte, dass das Bild, das man fast 2000 Jahre als das wahre Abbild Christi, als das *„nicht-von-Menschenhand-gemachte Antlitz"* verehrt hatte, in Wahrheit ein **„Negativ"** war und erst die Fotografie das „Positiv" zu Tage treten ließ, herrscht unter den Wissenschaftlern ein heftiger Streit um die Entstehung dieses rätselhaften Bildes. Diese oft sehr polemisch geführte Kontroverse, die bis heute andauert, dürfte auch mit ein Grund sein, warum verantwortliche kirchliche Stellen eher Skepsis und Zweifel schwelen lassen, als eine klare positive Stellungnahme bezüglich der Echtheit des Tuches abzugeben.

Zumindest lässt sich eindeutig und objektiv feststellen, dass der Leichnam nicht manuell von außen aus dem Tuch gewickelt oder gerissen wurde und dass er auf geheimnisvolle Weise aus dem Tuch entschwunden sein muss.

Abb. 22:
Im Mai 1898 machte der Turiner Rechtsanwalt *Secondo Pia* mit diesem Fotoapparat das erste Foto des Grabtuches. Beim Entwickeln der Glasplatte stellte sich heraus, dass sein Negativ das eigentliche Positiv ist.

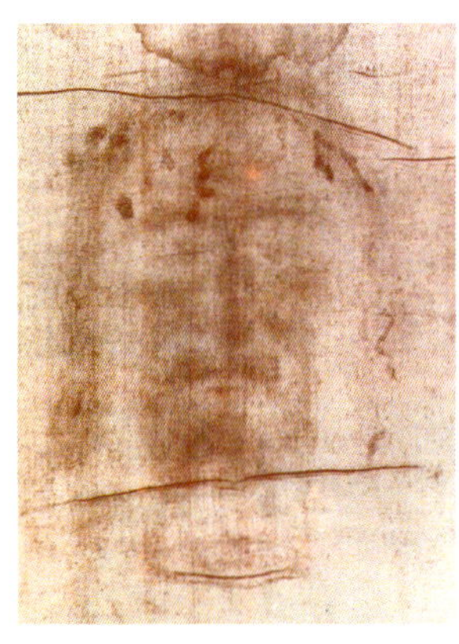

Abb. 23:
Wie sich das Gesicht für den Betrachter darstellt.
(Im Text als „Positiv" bezeichnet) Es besteht eine Hell-Dunkel- und Seiteninvertierung, wie man sie bei einem Negativ gewohnt ist: was normalerweise heller ist, ist hier dunkler abgebildet, wie z.B. die Nasenspitze. Hingegen bleiben die Blutspuren positiv im eigentlichen „Negativ".

Abb. 24:
Negativ der fotografischen Aufnahme des Hauptes.
(Im Text als „Negativ" bezeichnet) Dieses Negativ weist die natürliche Hell-Dunkel-Verteilung eines Gesichtes auf: die Bereiche des Gesichtes, die am meisten im Licht liegen, haben hier im Bild auch die höchsten Helligkeitswerte. Die Blutspuren sind hingegen negativ im eigentlichen „Positiv".

Grabraub oder mysteriöses "Verschwinden des Leichnams"?

Manche Wissenschaftler sprechen von einer „**Entmaterialisierung des Körpers**" (z.B. John Jackson), bzw. dass der Leichnam „mechanisch transparent" geworden sein muss.[19] Das ist aber ein deutlicher Hinweis auf die Identität des Mannes des Grabtuches. Denn allen Zweiflern zum Trotz wird dadurch erhärtet, dass es sich bei diesem Mann nur um **Jesus von Nazareth** handeln kann, von dem allein in der ganzen Geschichte der Menschheit all diese Ereignisse berichtet werden. Die Auflistung der einzelnen Phasen der Passion weisen nämlich diesen Mann noch nicht ausschließlich als Jesus von Nazareth aus, das würde auch gegebenenfalls auf einen anderen anonymen Gekreuzigten passen. Einzig und allein das **geheimnisvolle Verschwinden des Leichnams aus dem Tuch** vor der Verwesung – und **ohne Beschädigung des textilen Gewebes und der Blutkrusten** – deuten auf den hin, von dem es als einzigem Menschen der Menschheitsgeschichte berichtet wird. Somit wird auch die Theorie des Grabraubes ad absurdum geführt.

---

[19] Giulio Fanti - Emanuela Marinelli: La Sindone rinnovata - misteri e certezze, P.E, Vigodarzere 2003, S. 140 ff

V. DIE IDENTIFIZIERUNG DES MANNES IM GRABTUCH

Identifizierung des Leichnams

Arnaud-Aaron Upinsky fand 1993 als erster, vom CIELT (Centre International d'Etudes sur le Linceul de Turin) beauftragter Wissenschaftler heraus, wer der Mann des Grabtuches zwingend sein muss. Er wendete dieselbe wissenschaftliche Vorgangsweise an, die in der Kriminalistik für die Identifizierung anonymer Leichen herangezogen wird. An Hand von binären Expertensystemen wurde sein Ergebnis der Identifizierung bestätigt.[20] Seine Untersuchungen übertreffen an Sicherheit jegliches Ergebnis der diversen Wahrscheinlichkeitsrechnungen, die mit einem Resultat von 1:200 Milliarden bereits eine Quasi-Sicherheit garantieren. [21] Wäre das Grab übrigens nicht leer gewesen - wie es heute von manchen Theologen behauptet wird – und der Leichnam im Tuch verblieben, so hätten wir heute kein Grabtuch, denn dann wäre es zusammen mit dem Leichnam verrottet. Immer mehr Wissenschaftler wie Oswald Scheuermann, Arnaud-Aaron Upinsky, Giulio Fanti, Emanuela Marinelli, Alessandro Malantrucco, Yves Saillant, Gilbert Lavoie und viele andere Ungenannte sehen in diesem nicht nachvollziehbaren Ereignis des Ostermorgens einen **Hinweis auf die Auferstehung**, an die gerade heute selbst von etlichen Theologen nicht mehr geglaubt wird.

---

[20] Arnaud-Aaron Upinsky: L'énigme du Linceul, La prophétie de l'an 2000, Paris, Fayard 1998, S. 176 ff

[21] Bruno Barberis: Sindone, radiodatazione e calcolo delle probabilità, Torino 1997, Elle Di Ci, S.40

Gilbert Lavoie, ein amerikanischer Arzt, hat selbst verschiedene fotografische Versuche unternommen und gelangt zu dem Schluss, dass das Bild eine Momentaufnahme der Auferstehung sein muss und über unsere Kenntnisse von Zeit und Raum hinausweist.[22] Denn das frontale Bild wie in einem Spiegel lässt darauf schließen, dass das Tuch im Augenblick der Bildentstehung flach gelegen sein muss, obwohl es einen Körper eingehüllt hat. Die Frontalansicht, insbesondere die Lage der Haare, erscheint jedoch wie die eines aufrecht stehenden Mannes. Das ist ein Rätsel, das die Wissenschaft nicht zu erklären vermag.

Eine leibliche Auferstehung

Eine nicht materielle Auferstehung wäre aber im jüdischen Kontext gar nicht denkbar gewesen, und die Apostel wären schnell des Betruges überführt worden. Daher wird, um den leiblichen Aspekt der Auferstehung zu betonen, in den Evangelienberichten nach der Auferstehung ein besonderer Schwerpunkt auf das Essen, das Mahlhalten, mit dem auferstandenen Gekreuzigten gelegt.[23] Wenn es jedoch das historische Ereignis der Auferstehung nicht gegeben hätte, dann wäre das Christentum zugrunde gegangen und bald in Vergessenheit geraten, bzw. hätte es überhaupt kein

[22] Gilbert Lavoie: Resurrected, S.129 und S.145

[23] Lk, 24, 41-13; Joh 21, 9-10 ff; Vittorio Messori: Dicono che è risorto, SEI Torino 2000, S.91 ff

Christentum gegeben. So gründet aber unser Glaube auf einem einmaligen geschichtlichen Ereignis, das durch materielle Beweisstücke untermauert wird. **Denn die Tücher zeigen klar, dass sich tatsächlich ereignet hat, was uns die Evangelien über Tod und Auferstehung Jesu berichten**. Sie bestätigen die Wahrheiten der Heiligen Schrift und der apostolischen Überlieferung und bilden somit einen deutlichen Hinweis auf die historische Glaubwürdigkeit der Evangelien und erweisen sich als wertvolle Hilfe im Gespräch mit Fernstehenden und Andersdenkenden.

Jesus Christus - Lamm Gottes - Sohn Gottes?

Nicht zuletzt erscheint auch die Frage nach der **Gottessohnschaft Jesu** durch das Studium der Tücher in einem neuen Licht.

Das Grabtuch zeigt eindeutig, dass die geheimnisvolle Strahlung, die zur Bildentstehung geführt hat, **vom Leichnam selbst ausgegangen** sein muss, denn *sonst* wären Vorder- und Rückseite des Leichnams auf dem Tuch ineinander projiziert und nicht klar voneinander getrennt, bzw. hätte man kein **Doppelbildnis**. Die italienische Wissenschaftlerin Giovanna de Liso hat Versuche gemacht, in einem mit Aloe und Myrrhe getränkten Tuch verschiedene Gegenstände einer Radonbestrahlung anlässlich eines Erdbebens im Piemont auszusetzen. Das Ergebnis war ziemlich ernüchternd. Nur die Oberseite des Tuches wies bräunliche Umrisse der

Gegenstände (Schlange, Schlüssel, Blatt etc.) auf, die allerdings die *ganzen* Fasern durchdrungen hatten. Die Unterseite des Tuches wies keine färbigen Umrisse auf. Es gab also kein klar gezeichnetes Doppelbildnis.[24] Das Doppelbildnis des Grabtuches ist ein deutlicher Hinweis, dass der ungeheure **Energieblitz aus dem Leichnam selbst und nicht von außen gekommen sein muss.**

Kein gewöhnlicher Sterblicher aber kann sich selbst das Leben zurückgeben, denn niemand ist Herr über Leben und Tod. Das ist nur Gott. Selbst wenn der Hochmut des Menschen so weit steigt, dass er im frevelhaften Spiel mit dem Leben so *sein will wie Gott* – das ist die Urversuchung des Menschen, wie es in der Genesis (Gen 3,5) geschrieben steht – so können wir uns *selbst* das Leben *nicht* geben, weder vor der Geburt noch nach unserem Tod, wir können uns höchstens das Leben nehmen ...

Die im Grabtuch verborgenen Informationen geben demnach Zeugnis von der wahren **göttlichen Natur** des Gekreuzigten, des für uns menschgewordenen Sohnes Gottes, dem „alle Gewalt im Himmel und auf Erden gegeben" ist (Mt 28,18).

Das Grabtuch zeigt dem staunenden, gläubigen Betrachter aber auch die wahrhaft **göttliche Demut „des Lammes Gottes"** (Joh 1,29), des „Gottesknechtes" (Jes 52,13-53,12), des „guten Hirten, der sein Leben hingibt für seine Schafe" (Joh 10,11-15). Er ist der „Treue und Wahrhaftige“, wie es in der Apokalypse (Offb 19,11) heißt, der uns nicht verlässt und immer bereit ist, seinen Bund mit uns zu erneuern, wie früher

---

[24] Oswald Scheuermann: Turiner Tuchbild aufgestrahlt? - Nachweisversuch, VDM Verlag Dr. Müller, 2. Auflage, S.232 ff

der Introitus zum Herz-Jesu-Fest gelautet hat: „Seines Herzens Sinnen waltet von Geschlecht zu Geschlecht, Ihre Seelen dem Tode zu entreißen und sie im Hunger zu nähren."

VI. WARUM DAS GRABTUCH KEINE FÄLSCHUNG AUS DEM MITTELALTER SEIN KANN

Die Behauptung, das Grabtuch sei eine Fälschung aus dem 13./14. Jahrhundert, lässt sich mit sehr vielen Fakten der modernen Forschung widerlegen. Das Grabtuch enthält **enkodierte Informationen, die erst im 20. Jahrhundert entschlüsselt** werden konnten.

Der mittelalterliche Fälscher hätte u. a. folgende Dinge beherrschen müssen:

1. Kenntnis der **Fotografie** (erst im 19. Jh. entdeckt); **seitenverkehrte Negativmalere**i bis zum 20. Jh. unbekannt
2. Kenntnis der **Holographie** (erst um 1940): man lässt ein dreidimensionales Bild entstehen
3. Er hätte zwischen **arteriellem und venösem Blut** unterscheiden müssen (erst 1552 von Michael Servetus bzw. 1628 von William Harvey entdeckt), um die zwei verschiedenen Typen des Blutkreislaufs auf das Tuch zu bringen.
4. Er hätte das Grabtuch in einigen Punkten mit **stark bilirubinhaltigem, hellrotem Blut** von einem Lebenden

und in anderen mit postmortalem Blut beflecken müssen **(Blutgruppe AB)**; das Opfer hätte alle Folterungen in aufrechter Haltung erdulden müssen – hätte in **aufrechter Haltung** sofort erstarren müssen.

5. Der Fälscher hätte Kenntnisse haben müssen, die dem **Mikroskop** vorbehalten sind (erst Ende des 16. Jh.): **Pollen** oder **unsichtbare Erdspuren** (Aragonit) an der Ferse, mit freiem Auge nicht sichtbare **Serumhöfe** bei den Geißelwunden, unsichtbare **Schriftzüge** im Gesicht (!).
6. Er hätte die **schweißnassen Haare** des Gekreuzigten ein paar Tage vor dem Tod mit kostbarem **Öl** salben müssen – die Lage der Haare des Gekreuzigten im Tuch müsste aber die eines aufrecht stehenden Menschen sein (!).
7. Er hätte **zuerst die Blutspuren** auf das Tuch bringen müssen und dann **anatomisch genau das Körperbild,** wobei unter den Blutspuren kein Körperbild hätte vorhanden sein dürfen.
8. Er hätte **genaue anatomische Kenntnisse** haben müssen (erst ab Leonardo da Vinci Ende 15. Jh).
9. Die **Blutspuren** hätten im Fotonegativ dieselben **Helligkeitswerte** aufweisen müssen wie die Brandspuren.
10. Er hätte im Bereich des Gesichtes und der Hände einen **höheren Helligkeitswert** im Fotonegativ erzielen müssen als beim übrigen Körperbild.
11. Er hätte im Bereich des Gesichtes und der Hände eine **doppelte Oberflächenverfärbung** (sowohl auf der Vorder- als auch auf der Rückseite des Tuches) erzielen müssen, ohne das Mark der Fasern zu verfärben.

12. Er hätte jeweils **zwei verschiedene fotografische Prozesse** für Körperbild und Blutspuren verwenden müssen.
13. Er hätte das Körperbild **ohne Lichtquelle mit verschlüsselter Dreidimensionalität** schaffen müssen.
14. Er hätte das Abbild **ohne Farbe** mit einer Oberflächenwirkung wie bei einer Versengung zustande bringen müssen (**ohne Pinselstrichrichtung,** nur mit kleinsten Pixeln, ohne Konturen).
15. Er hätte mit einem **Pinsel von 2m** Länge malen müssen, sonst hätte er nicht gesehen, was er malt (man kann nämlich das Bild des Grabtuches wegen seiner fehlenden Konturen (!) erst aus einer gewissen Entfernung erkennen).
16. Er hätte absolut unerkannt bleiben müssen, **ohne** sich durch ein **Siglum** zu verraten (im Mittelalter unüblich).
17. Er hätte **ein antikes Tuch aus dem syro-palästinensischen Raum** nehmen müssen (das nicht in Europa gewebt und gebleicht worden ist) und das kein Vanillin mehr aufweist.
18. Er hätte eine typisch **römische Kreuzigung eines frommen Juden aus dem ersten Jahrhunderts** vornehmen müssen; er hätte die Nagelwunden nicht in den Handflächen, sondern im Destot'schen Spalt im Handgelenk anbringen müssen.
19. Er hätte in das Grabtuch einen Menschen legen müssen, der genau **wie Christus** gefoltert und getötet worden wäre.
20. Er hätte **Geißelspuren** von *Bucaedae, Virgae und Flagrum taxillatum* anbringen müssen (insgesamt über 370 Wunden).

21. Er hätte die Wunden der **Dornenkrone** wie durch einen Reif hervorgerufen gemalt und nicht wie durch eine *Dornenhaube*. Er hätte die Stichwunden im Nacken und auf der *gesamten* (!) Kopfhaut nicht gekannt.
22. Er hätte **vier antike**, an der Basis quadratische **Zimmermannsnägel** für die Kreuzigung verwenden müssen. Er hätte nicht zwei Nagelwunden in der rechten Fußsohle angebracht, sondern nur eine.
23. Er hätte Kenntnisse eines **antiken Fesselgürtels** haben müssen.
24. Er hätte einen frischen Leichnam beschaffen müssen, nach **jüdischen Begräbnissitten des 1. Jh.** begraben (priesterliche Haltung, keine Leichenwäsche) **und ohne Spuren von Verwesung** (obwohl bei Gefolterten der Verwesungsprozess schnell einsetzt).
25. Er hätte einen Gekreuzigten mit **typisch jüdischen Gesichtszügen** (Nase 8 cm lang) und **semitischer Rasse** finden müssen.[25]
26. Er hätte einen **frommen Juden** (Haartracht, *Tefillin*) mit einem mit dem Schweißtuch von Oviedo **deckungsgleichen Gesicht** finden müssen.
27. Das Gesicht des Mannes hätte in mindestens 10 von 15 Punkten mit dem Christusbild der **byzantinischen Ikonen** und der **byzantinischen Münzen** übereinstimmen müssen.
28. Er hätte dem Leichnam mit einer **römischen Lanze eine Seitenwunde** (rechts!) zufügen müssen, aus der **Blut und Serum getrennt** herausgeflossen wären (d.h. der

[25] Tibia-Femur-Index; Oberschenkel-Schienbein-Index

Gekreuzigte hätte in **aufrechter Haltung** an einer Herzruptur bzw. *Perikardtamponade* sterben müssen).

29. Bei der Anbringung der Blutspuren hätte er die **Gesetze der Schwerkraft** berücksichtigen müssen, die im Mittelalter noch nicht bekannt waren (das Gravitationsgesetz wurde erstmals von Isaac Newton 1686 formuliert).
30. Er hätte durch **Leporellofaltung verursachte rautenförmige Wasserflecken** auf dem Tuch anbringen müssen.
31. Er hätte dabei das Tuch **zuerst mit Aloe und Myrrhe** tränken müssen – sonst gäbe es keine solchen Wasserflecken.
32. Er hätte einen 8 cm breiten Streifen vom Tuch abtrennen müssen und dann mit einer für das erste Jahrhundert charakteristischen **Blindstichsaumnaht** (wie in Massada) wieder annähen müssen.
33. Er hätte **Münzabdrücke** (Münzen aus der Zeit des Pontius Pilatus) und mit freiem Auge kaum sichtbare **Blütenabdrücke** bzw. Abdrücke anderer Gegenstände (Seil, *Tefillin*, Schilfrohr etc.) auf das Tuch bringen müssen.
34. Er hätte auf dem Tuch kaum sichtbare – nur im „Negativ" identifizierbare – **Schriftzeichen aus dem ersten Jahrhundert** anbringen müssen, die einen Hinweis auf den Prozess Jesu und seine Bestattung enthalten.
35. Er hätte eine Stoffart nehmen müssen, die dem **Hohenpriester am Yom Kippurtag** vorbehalten war.
36. Er hätte genaue Kenntnis der **Flora Palästinas** haben müssen, insbesondere der im März- April blühenden Pflanzen zwischen Jerusalem und Hebron.

37. Er hätte den Leichnam **36 - 40 Stunden** nach Todeseintritt aus dem Tuch „verschwinden lassen" müssen, ohne im geringsten die **Fasern des Tuches** zu verletzen oder zu verschieben bzw. **ohne das verkrustete Blut zu beschädigen**, zu zerbröseln oder zu zerreiben.
38. Er hätte dabei die *Fibrinolyse* **stoppen** müssen (zum Zeitpunkt der perfektesten Blutabdrücke (!)) und den Leichnam durch das Tuch gehen lassen müssen in einer **Selbststrahlung,** wobei sich der Leichnam hätte **entmaterialisieren** müssen. Das so entstandene Bild dürfte dabei **nicht fluoreszieren.**
39. Er hätte eine durch die Selbststrahlung hervorgerufene seitenverkehrte **perspektivische Verkürzung** des linken Beines berücksichtigen müssen, die im Mittelalter allerdings noch nicht bekannt war.

Die Erkenntnis der **Unnachahmbarkeit** des Grabtuches ist Beweis für seine Echtheit. Aaron Upinsky spricht von einer **Unfälschbarkeit** (*infalsifiabilité*). Ein Phänomen wie dieses Grabtuch findet sich sonst nirgends in der Geschichte der Menschheit und hat Bedeutung für Juden, Christen und den Islam. Die Polemik, die um die Echtheit des Tuches geführt wird, lässt sich vergleichen mit der um Christus selber, der von Anbeginn an *Zeichen des Widerspruchs* (vgl. Lk 2,34) gewesen ist.

Einige Wissenschaftler (wie Yves Delage und Paul Vignon) haben bereits zu Beginn des 20. Jahrhunderts den Ausspruch getätigt, dass die ablehnende Haltung dem Grabtuch gegen-

über nicht gegen das Textil, sondern gegen den „Mann des Grabtuches" gerichtet ist. Wenn es sich nicht um Jesus, sondern um eine andere Persönlichkeit der Antike handelte, würde man die Echtheit des Tuches ohne Schwierigkeiten anerkennen. Man misst also mit zweierlei Maß und lehnt die Wahrheit der Echtheit des Tuches ab, weil man letzten Endes Christus ablehnt, der von sich selbst gesagt hat, dass er gekommen ist, um von der Wahrheit Zeugnis abzulegen
(Joh 18,37), bzw. dass er selbst die Wahrheit ist (Joh 14,6). John Arthur Robinson (|1983), ehemals Bischof von England und dann Neutestamentler in Cambridge, sagte:

> *Es ist nicht Angelegenheit der Befürworter des Grabtuches, dessen Authentizität zu verteidigen, sondern vielmehr Sache der Gegner, die Unechtheit zu beweisen.*

2. Teil

Von Jerusalem nach Turin
Anmerkungen zur Geschichte des Grabtuches

Obwohl einige Wissenschaftler noch immer – vor allem wegen der mysteriösen Radiokarbondatierung des Leinens im Jahre 1988 – verbissen an einem mittelalterlichen Zeitpunkt für die Entstehung des Grabtuches von Turin festhalten, so gibt es doch etliche Grabtuchforscher, die von der Echtheit des Grabtuches von Turin als dem wahren Leichentuch Christi überzeugt sind.

Die nachweislich datierbare Geschichte des Grabtuches beginnt zwischen 1353 und 1356, als das Tuch in Lirey, einer kleinen Grafschaft südöstlich von Paris, ausgestellt wird. Von diesem Zeitpunkt an bis heute ist die Geschichte des Grabtuches lückenlos überprüfbar.

Vor dem 14. Jhd. gibt es allerdings künstlerische Darstellungen, vor allem Abbildungen des Leichnams Christi, die der Darstellung des Mannes auf dem Grabtuch bis ins Detail ähneln. Sehr oft zeigen diese Darstellungen den Leichnam in ein Leichentuch eingehüllt und sind dem Abbild auf dem Turiner Grabtuch so ähnlich, dass ein gemeinsamer Ursprung angenommen werden muss. Zum Beispiel befindet sich in Klosterneuburg bei Wien ein Altar aus dem 12. Jh., der einen hohen künstlerischen Seltenheitswert hat. Es ist der sogenannte „Verduner Altar" von 1181, der in der „champlevé - Technik" (Grubenschmelztechnik), einer besonderen Emailtechnik, hergestellt ist. Auf einem seiner Bilder sieht man die Grablegung Christi, auf der der Leichnam Jesu die Hände über dem Unterleib wie auf dem Grabtuch von Turin gekreuzt hält. Es fehlen sogar die Daumen wie auf dem Grabtuch von Turin.

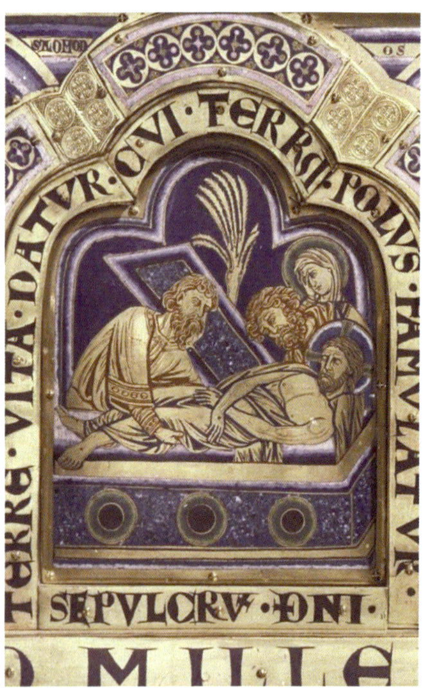

Abb. 25: Der Verduner Altar in Kosterneuburg bei Wien von Nikolaus von Verdun aus dem **Jahre 1181.** Er ist in einer besonderen Technik, der so genannten Grubenschmelztechnik (champlevé) gearbeitet. Wie die ins Grab gelegte Christusfigur erkennen lässt, ist ein byzantinischer Einfluss nicht auszuschließen. Haupt und Handhaltung Christi, die fehlenden Daumen, sowie der entblößte Körper erinnern an das damals in Konstantinopel aufbewahrte Grabtuch von Turin.

Alle diese Darstellungen, die das Grabtuch von Turin zum Vorbild zu haben scheinen, sind viel älter als das von der Radiokarbondatierung ermittelte Entstehungsdatum des Grabtuches. In den Evangelien wird das Leichentuch Christi zwar erwähnt, aber seine Spuren verlieren sich bald nach dem 9. April des Jahres 30, dem von Wissenschaftlern errechneten Datum der Auferstehung Christi. Das Grabtuch scheint im Dunkel der Geschichte der ersten Jahrhunderte zu verschwinden, taucht aber im 6. Jahrhundert wieder in Edessa auf, dem heutigen Sanli Urfa in der Osttürkei.

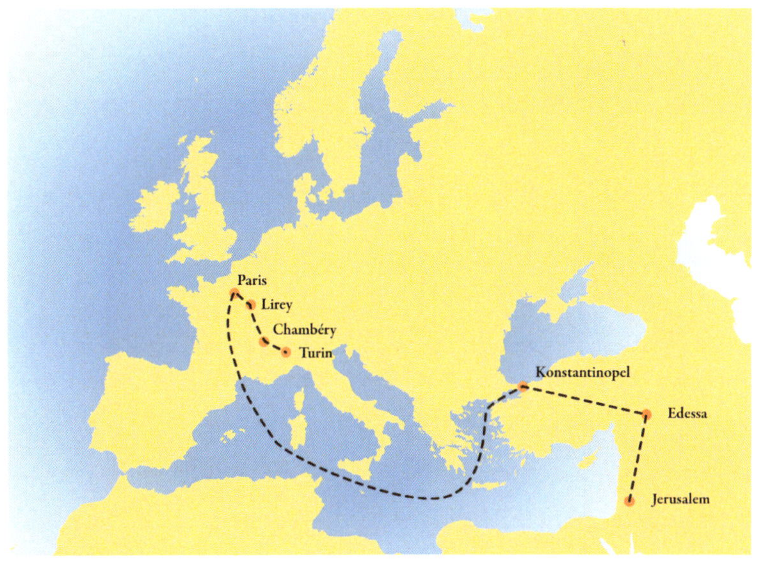

Abb. 26: Der vermutliche Weg des Grabtuches von Jerusalem nach Turin

Wie kann man dieses Schweigen über das Grabtuch deuten?

Aus Sicherheitsgründen und um die religiösen Gefühle der Juden nicht zu verletzen, die ja jede bildliche Darstellung Gottes strikt ablehnten[26], wurde das Leichentuch Christi höchstwahrscheinlich am Ende des ersten Jahrhunderts – bzw. zu Beginn des zweiten Jahrhunderts – nach Edessa gebracht. Diese Hypothese stützt sich auf die sogenannte „Abgarlegende", die in verschiedenen Varianten aus dem 4. bzw. 6. Jh. überliefert ist. Vielleicht war Edessa der Ort, wo man das Tuch so gefaltet hat, dass man nur das Antlitz des Gekreuzigten sehen konnte. Es wurde deshalb auch „Tetradiplon", das 2x vierfach gefaltete Tuch genannt.

Aber einige Münzen, wie die Münze des Kaisers Basilius I. aus dem neunten Jahrhundert (869) lassen darauf schließen, dass das Grabtuch schon in der vollen Länge bekannt war, weil der rechte, scheinbar verdrehte Fuß auf die in der damaligen Zeit nicht erkannte perspektivische Verkürzung hinweist.[27] Tatsächlich scheint auf dem Grabtuch das rechte Bein, das über dem linken gekreuzt ist, kürzer zu sein.[28] Die Künstler des ersten Jahrtausends verstanden aber weder die Seitenverkehrung noch das realistische Detail der perspektivischen Verkürzung. Daher weisen die orthodoxen Kreuze auf

---

[26] Siehe Ex 20,4-5

[27] Moroni Mario: L'Icona di Cristo nelle monete bizantine in: Le Icone di Cristo e la Sindone, a.c. die Coppini Lamberto/Francesco Cavazzuti, San Paolo, Milano 2000, S.143

[28] Il grande libro della Sindone a cura di: Pier Luigi Baima Bollone et alii, Ed. San Paolo, Milano 2000

diese nicht verstandene perspektivische Verkürzung hin, indem der rechte Fuß kürzer als der linke abgebildet ist und das *Suppedaneum* (Fußstützholz) nicht waagrecht, sondern schief dargestellt wird (siehe Abb. 14). Es ist denkbar, dass diese byzantinische S-Kurve (*Curva bizantina*) unsere gotische S-Kurve beeinflusst hat.

Es darf nicht außer Acht gelassen werden, dass das Bild des Grabtuches für die Beendigung des Bilderstreites, des *Ikonoklasmus*, im 8. und 9. Jahrhundert ein äußerst gewichtiger Grund war.

Abb. 27: Pantokrator – Mosaik aus dem späten 11. Jh. Im orthodoxen Kloster in Daphni nahe bei Athen sind viele der besonderen Zeichen, die man auf dem Grabtuch von Turin sieht, auf der Darstellung des Pantokrators festzustellen.

Abb. 28: Byzantinische Münze von Justinian II., datiert 692. Auf ihr ist Christus mit einer charakteristischen Haarlocke auf der Stirn zu sehen, einer möglichen Interpretation der Blutspuren auf der Stirn des Mannes des Grabtuches.

Konstantinopel

Im 10. Jahrhundert gelangte das Grabtuch endgültig nach Konstantinopel. Gregor der Referendar lieferte eine ausführliche Beschreibung des Grabtuches und führte ausdrücklich an, dass „man das aus der Seite herausspritzende Blut sah"[29]. Auch die aus dieser Zeit stammenden Darstellungen des toten Christus, dessen Halbfigur aus dem Grabe herausreicht und der die Hände über dem Leib gekreuzt hat, haben einen Bezug zum Grabtuch von Turin. Diese Darstellungen werden „Imago Pietatis" genannt.

Abb. 29: Am 15. August 944 wird das Bild von Edessa, „acheiropoieton" (= nicht von Menschenhand gemacht), feierlich nach Konstantinopel überführt. Gravur des

[29] Bulst, Werner/Pfeiffer, Heinrich: Das Turiner Grabtuch und das Christusbild, Bd. II, Josef Knecht, Frankfurt am Main 1991, S.143

Manuskripts von J. Skylitzes - 13. Jhd. – Nationalbibliothek von Madrid.

Zur Erinnerung an die Übertragung des Grabtuches nach Konstantinopel führte die orthodoxe Kirche das **Fest des heiligen „Mandylions"** für den 16. August ein. Seit dem 10. Jh. findet man in der religiösen byzantinischen Kunst Anspielungen an das Grabtuch von Turin, wie z.B. bei den Beweinungsszenen (*Threnos*) oder den *Epitaphioi*. Die *Epitaphioi* sind liturgische Tücher, die noch heute in der orthodoxen Kirche gebraucht werden. Auf ihnen ist der Leichnam Jesu, nur mit einem Lendenschurz bekleidet, auf einem Tuch liegend dargestellt und weist dieselben Merkmale wie das Grabtuch von Turin auf (z.B. Hände über dem Unterleib gekreuzt, das Gewebe manchmal in Fischgrätenmuster). Solche *Epitaphioi* werden heute noch am Karfreitag in die Mitte des Kirchenschiffes getragen und dort auf einem Thron zur Verehrung der Gläubigen ausgesetzt. Am Karsamstag wird das *Epitaphion* in einer Prozession um die Kirche geführt. Während der Basiliusliturgie am Abend des Karsamstages ruht das Epitaphion auf dem Altar. Auf ihm wird die Eucharistiefeier vollzogen.

Frankreich

Während des vierten Kreuzzuges verschwand das Grabtuch auf mysteriöse Weise aus Konstantinopel und tauchte erst zwischen 1353 und 1356 wieder in Lirey in Frankreich auf. Es gibt zahlreiche Hypothesen darüber, wie das Grabtuch nach

Frankreich gelangt ist. Nach Barbara Frale[30] war es im Besitz der Templer, die fast alle gefoltert und verbrannt wurden, weil sie ein bärtiges Männerantlitz (das man allerdings nie bei ihnen gefunden hat) verehrt haben sollen. Der erste nachweisliche Besitzer in Frankreich war der Standartenträger und Kreuzfahrer Geoffroy de Charny, der nie verraten hatte, wie er in den Besitz dieses Tuches gelangt war.[31]

1453 gelangte das Grabtuch in den Besitz der Herzöge von Savoyen und wurde in einer Kapelle in Chambéry aufbewahrt, wo es 1532 beinahe verbrannt wäre. Es wurde daraufhin von Klarissinnen kniend mit goldenen Nadeln geflickt.

Die von ihnen aufgesetzten Flickflecken und das unter das Grabtuch gelegte Stützleinen wurden dann im Jahre 2002 in einer sogenannten „Restaurierung" wieder entfernt.

Abb. 30:
Die „heilige Kapelle des Grabtuches" in Chambéry

[30] Frale, Barbara: I Templari e la Sindone di Cristo, il Mulino, Bologna 2009

[31] Barbesino Francesco/Moroni Mario: Lungo le strade della Sindone, ricerca dei possibili itinerari da Gerusalemme a Torino, Edizioni San Paolo, Milano 2000

Abb. 31:
In der Mitte des 19. Jh. wurde in der Seine in Paris dieses Pilgerkennzeichen gefunden, das sich heute im Musée National du Moyen Âge in Paris befindet. Es stammt höchstwahrscheinlich aus dem Jahr 1355 und stellt den Mann des Grabtuches auf der Vorder- und Rückseite liegend dar, sowie das Fischgrätengewebe. Ebenso die Wappen von Geoffroy de Charny und von Jeanne de Vergy.

Abb. 32:
Makrofotografien von Ausbesserungen und Flicken, die durch die Klarissinnen von Chambéry im April 1534 nach dem Brand vorgenommen wurden.

Turin

1578 überführte Herzog Emmanuel Filibert von Savoyen das Grabtuch von Chambéry nach Turin. Offiziell, um die beschwerliche Reise des hl. Karl Borromäus über die Alpen von Mailand nach Chambéry abzukürzen, inoffiziell, da er seinen Regierungssitz nach Turin verlegen wollte. Seit 1578 wird das Grabtuch in Turin aufbewahrt. 1983 vermachte der letzte König von Italien, Humbert II., das Tuch dem Vatikan, aber es blieb in Turin.

1997 wäre das Grabtuch fast einem Brand zum Opfer gefallen, konnte aber zu den beiden großen Ausstellungen 1998 und 2000 unbeschädigt der Öffentlichkeit gezeigt werden.

Abb. 33: Feierliche Vorführung vom Juni 1582 während der zweiten Pilgerreise des hl. Karl Borromäus nach Turin.

Abb. 34: Der Turiner Dom mit der Kapelle des Grabtuches während der Ausstellung 2010. In diesen 44 Tagen im April und Mai nutzten ca. 2 Millionen Pilger aus aller Welt die Gelegenheit, das Heilige Grabtuch zu verehren.

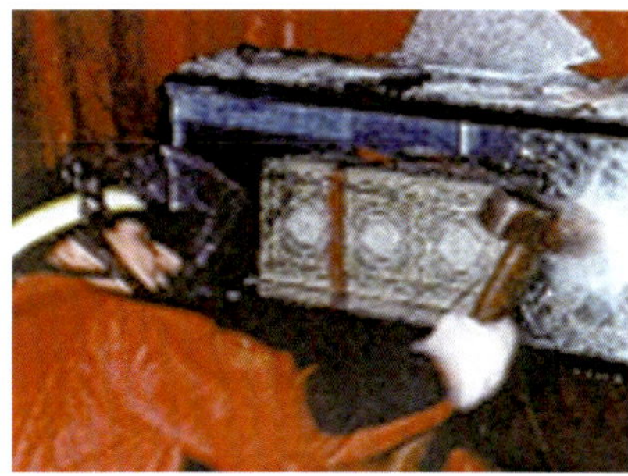

Abb. 35: Das furchtbare Feuer vom 11. April 1997: Dem Feuerwehrmann Mario Trematore gelang es unter Einsatz seines Lebens den Panzerkristallschrein zu öffnen und das Grabtuch im letzten Augenblick in Sicherheit zu bringen.

3. Teil

Die Bedeutung des Turiner Grabtuches

I. Der Tod des Mannes des Grabtuches von Turin

Wenn man den Ärzten Glauben schenken darf, ist der Mann des Grabtuches von Turin – wie im 1. Teil ausgeführt[32] – an einer *Perikardtamponade*, einer Herzruptur, gestorben. Bei einer solchen Todesart stößt der Sterbende meist einen gellenden Schrei aus, sobald die Herzwand zerreißt und sich das ganze Blut in den Herzbeutel ergießt. Ein solcher Schrei ist im Neuen Testament bei allen Synoptikern erwähnt (Mk 15,37; Mt 27,50; Lk 23,46). Bereits im Psalm 22 spielt der Psalmist auf ein krankes Herz an:

> *Ich bin hingeschüttet wie Wasser, gelöst haben sich all meine Glieder. Mein Herz ist in meinem Leib wie Wachs zerflossen. (Ps 22,15)*

Christus ist demnach also nicht eines langsamen, qualvollen Erstickungstodes gestorben, wie ihn sonst die Gekreuzigten erdulden mussten, sondern ganz überraschend - und bei vollem Bewusstsein – an einer Herzruptur. Sogar Pontius Pilatus wunderte sich, dass er schon tot war (Mk 19,44).

Die Osterlämmer wurden am Rüsttag um drei Uhr Nachmittag geschächtet, und ihr Blut, das während des Sterbens austrat, hatte Sühnefunktion. Aus dem

[32] Siehe im 1. Teil unter „Welchen Tod stirbt ein Gekreuzigter?"

Johannesevangelium lässt sich schließen, dass Jesus genau zu dem Zeitpunkt stirbt, an dem auch die Osterlämmer geschlachtet werden. Er wird von Anfang an als das wahre Osterlamm[33] bezeichnet. Daher hat sein Herzblut, das im Sterben in den Herzbeutel fließt, höchste **Sühnefunktion.** Jedoch wurde dieses Sühneblut erst sichtbar, als das Herz mit einer Lanze durchbohrt wurde: „... *einer der Soldaten stieß mit der Lanze in seine Seite, und sogleich floss Blut und Wasser heraus* " (Joh 19,34). Übrigens ist diese Todesart, die Perikardtamponade, der Grund dafür, dass bei der Herzöffnung Blut und Serum aus der Herzwunde fließen. Denn das im Herzbeutel angesammelte Blut koaguliert nicht, sondern zersetzt sich in Blut und Serum. Der Evangelist Johannes berichtet daher als Augenzeuge, denn ein medizinischer Laie kann solche Symptome nicht erfinden. Dieser reichliche Blutfluss, der aus dem Herzen strömte, ist übrigens der Hauptbeweis, dass der Mann des Grabtuches, Jesus, *bereits am Kreuz* gestorben war. Denn sonst gäbe es keinen solchen Blutaustritt. Dieses Faktum ist der Haupttodesbeweis gegen alle abstrusen Hypothesen, dass Jesus die Kreuzigung überlebt hätte. Wenn Jesus noch gelebt hätte, wie die beiden mit ihm gekreuzigten Schächer, dann hätte ihm der *Exactor mortis*, der Soldat, der für den geregelten Ablauf der Hinrichtung verantwortlich war, die Beine zerschlagen. Aber am Grabtuch ist - so wie es in den Evangelien steht[34] – nichts davon zu sehen. Die

[33] 1 Kor 5,7; vgl. 1 Petr 1,19

[34] „Als sie aber zu Jesus kamen und sahen, dass er schon tot war, zerschlugen sie ihm die Beine nicht“ (Joh 19,33)

transverberatio, der Herzeinstich, war nicht ein Gnadenstoß, sondern der Beweis, dass der Gekreuzigte bereits tot war. Das Grabtuch bestätigt also in verblüffender Weise die historische Echtheit der Evangelien.

Diese überraschend schnelle und unvorhersehbare Todesart ist ebenso ein Hinweis, dass der Mann des Grabtuches, Jesus, wahrhaft sowohl der „Gottesknecht" (Jes 52,13 - 53,12) als auch das „Lamm Gottes" (Joh 1,29) ist – im Aramäischen werden beide Begriffe mit dem selben Wort „talia" wiedergegeben, wie es Joseph Ratzinger in seinem Buch „Jesus von Nazareth" betont hat.[35]

Wie bereits aufgezeigt wurde, könnte nach Meinung des Arztes Luigi Malantrucco[36] der psychische Stress am Ölberg und die physische Schwächung durch das Blutschwitzen einen *Myokardinfarkt* hervorgerufen haben. Denn am Ölberg hat Jesus die Sünden der gesamten Welt auf sich geladen, er hat innerlich gekämpft und gerungen, um den Willen des Vaters zu erfüllen. Eine unvorstellbare Sündenlast, die ihm im wahrsten Sinn des Wortes das Herz brechen musste.

Viele fragen sich gerade in unserer Zeit, weshalb der Vater diesen grausamen und qualvollen Tod gefordert hat.

Wir müssen dabei in erster Linie bedenken, dass Christus sein Blut freiwillig aus Liebe zu uns vergossen hat. Dieser Tod war kein Schicksalszwang, kein Zufall, kein Justizirrtum, sondern ein völlig freiwilliges Sühneopfer Christi, das sich allerdings

---

[35] Joseph Ratzinger, Benedikt XVI: Jesus von Nazareth, Freiburg, Herder, 2007, S.48

[36] Malantrucco Alessandro, figlio di L. M.: La doppia morte di Cristo, AAVV: Atti del Convegno sulla Santa Sindone, Orvieto 2000 (Vortrag)

nur im Lichte des Alten Testamentes wirklich verstehen lässt: Im Buch Levitikus lesen wir, dass Gott den Menschen das **Blut als Mittel zur Sühne** gegeben hat.[37] Aus diesem Grund wurden im Tempel Tieropfer dargebracht, insbesondere am großen Versöhnungstag, dem *Yom Kippur*, um Gott mit seinem Volk einmal im Jahre zu versöhnen und um die Vergebung der Sünden zu erbitten. Bei dieser hochheiligen Handlung des Alten Testamentes besprengte der Hohepriester die *Kapporeth,* die Sühneplatte, mit dem Blut eines Stieres und eines Ziegenbockes.[38] Die Kapporeth war der goldene Deckel der Bundeslade, in der sich die zwei Gesetzestafeln befanden, „das Zeugnis" bzw. der *Dekalog*. Der heilige Paulus spielt auf diesen alten Versöhnungsritus an, wenn er das freiwillige Sühneopfer Christi mit dem Sühneopfer des *Yom Kippur* vergleicht. Im Römerbrief lesen wir, dass Christus für uns zur blutbefleckten „Sühneplatte"[39] geworden ist. Der wertvolle Stoff des Grabtuches war der neuesten Forschung nach von dem kunstvoll gewebten Linnen genommen, mit dem sich der Hohepriester am Yom Kippurtag bekleidet hat (*Sadin shel buz*).[40] Demnach war Jesus also wie ein Hoher Priester am Yom Kippurtag bestattet worden. Ein Hoher Priester, der mit seinem eigenen Blut einen neuen und ewigen Bund mit Gott besiegelt hat:

---

[37] Lev 17, 11: „Die Lebenskraft des Fleisches sitzt nämlich im Blut. Dieses Blut habe ich euch gegeben, damit ihr auf dem Altar für euer Leben die Sühne vollzieht; denn das Blut ist es, das für ein Leben sühnt"

[38] Lev 16,14 -15

[39] Röm 3,25; siehe auch das 9. Kapitel im Hebräerbrief

[40] Barbara Frale: La Sindone di Gesu Nazareno, Ed. Il Mulino, Bologna 2009, S. 273 ff

„Denn wenn schon das Blut von Böcken und Stieren (...) die Unreinen, die damit besprengt werden, so heiligt, dass sie leiblich rein werden, wie viel mehr wird das Blut Christi, der sich selbst kraft ewigen Geistes Gott als makelloses Opfer dargebracht hat, unser Gewissen von toten Werken reinigen, damit wir dem lebendigen Gott dienen" (Hebr 9,13-14)[41].

Diese Erkenntnisse über den Tod Jesu können uns helfen, den Glauben an ihn zu verinnerlichen. Drei Beispiele aus dem christlichen Kult mögen dies kurz verdeutlichen:

- Müssten wir nicht aus der aufgeworfenen Sicht heraus den Moment der *Wandlung* in der Eucharistiefeier, wo der Priester den Wein in das Blut Christi verwandelt, neu wertschätzen lernen? [42] Führt es uns nicht in ein tiefes Staunen, dass das freiwillig am Kreuz hingegebene Blut Raum und Zeit überbrückt, indem es im Kreis der Glaubensgemeinschaft gegenwärtig wird?
- Angesichts des Herztodes und dieses Sühnetodes könnte die *Herz-Jesu-Verehrung*, die in den letzten Jahren vielerorts vernachlässigt worden ist, gleichsam von innen her neu erschlossen werden.
- Wäre nicht ebenso eine Möglichkeit gegeben, darüber hinaus alle Gedenkfeiern, in denen wir das Pascha-Mysterium erschließen, durch diese letzten wissenschaftlichen Erkenntnisse in einem neuen Licht zu betrachten?

---

[41] Siehe auch den ganzen Abschnitt in Hebr 9, 11 - 28

[42] Siehe dazu: P. Karl Josef Wallner, OCist: Sühne heute aktuell, Mödling, St. Gabriel, 1999

Hier seien vor allem die Sühnemessen am ersten Freitag eines Monats – dem monatlichen *Herz-Jesus-Freitag* – und die *Heilige Stunde* am Donnerstagabend genannt.

II. Hinweise auf die Gottheit Christi auf dem Grabtuch von Turin

Die meisten Wissenschaftler vertreten heute nicht mehr die Hypothese eines Kontaktabdruckes hinsichtlich der Entstehung des Grabtuches, sondern teilen - wie weiter oben dargelegt wurde – immer mehr die Ansicht einer (bislang) unerklärbaren Strahlung. Umso mehr, als es auch an denjenigen Stellen des Körpers ein Bild gibt, wo das Leichentuch sicher NICHT in Kontakt mit dem Körper war. Prof. G. Fanti hat 2002 eine verblüffende Entdeckung gemacht, nämlich, dass auf der Rückseite des Tuches im Bereich des Gesichtes und der Hände ganz schwache Abbildungen des Gesichtes und der Hände zu sehen sind.[43] Es gibt also an diesen Stellen jeweils an der Oberfläche des Tuches ein Bild, während die dazwischenliegenden Fasern nicht verändert sind. Dieses Phänomen deutet auf eine Strahlung, besser noch, auf ein Aufblitzen des Körpers hin.[44] Man muss sich also fragen, wieso eine solche Energie aus dem Körper ausbrechen konnte? Eine derartige Energie hat man noch nie bei einem anderen

[43] Giulio Fanti: La Sindone rinnovata, misteri e certezze, PEM, Vigodarzere 2003

[44] Oswald Scheuermann: Turiner Tuchbild aufgestrahlt, Nachweisversuch, VDM Verlag Dr. Müller, Saarbrücken 2008

Menschen festgestellt, weder zu seinen Lebzeiten noch nach seinem Tod.[45]

Wer ist also dieser Mensch, der über dem Tod zu stehen scheint?

Aus den Evangelien wissen wir, dass Christus wegen seines Anspruches, Sohn Gottes zu sein, zum Tode verurteilt wurde. Er hat uns u.a. folgende Worte hinterlassen, in denen diese Souveränität zum Ausdruck kommt:

> *Deshalb liebt mich der Vater, weil ich mein Leben hingebe, um es wieder zu nehmen. Niemand entreißt es mir, sondern ich gebe es aus freiem Willen hin. Ich habe Macht, es hinzugeben, und ich habe Macht, es wieder zu nehmen. Diesen Auftrag habe ich von meinem Vater empfangen. (Joh 10,17-18)*

Das Grabtuch von Turin enthält klare Hinweise, dass Jesus das Leben wieder „an sich genommen hat", wie er es vor seinem Tod angekündigt hatte. Aber nicht im Sinne einer Wiederbelebung eines Toten, sondern in einer neuen, verklärten Weise. Kein Mensch ist fähig, sich selbst das Leben zu geben, geschweige denn sich das Leben nach dem Tod zurückzugeben. Wir können uns höchstens das Leben nehmen, d.h. uns umbringen. Daher enthält das Grabtuch klare Indizien, dass der in das Tuch eingehüllte Mann wirklich der *Gottmensch Jesus Christus* ist, denn er hat sich als *Herr über Leben und Tod* erwiesen.

---

[45] Sebastiano Rodante: La scienza convalida la Sindone, errata la datazione medievale, Massimo, Milano 1994, S. 82

III. Das Grabtuch von Turin und die Auferstehung Christi

Einige Theologie- bzw. Religionsprofessoren verbreiten seit Jahrzehnten die Meinung, dass die Auferstehung kein historisches Ereignis sei, sondern dass sie nur in der Phantasie der Apostel anzusiedeln sei. Sie vertreten die Ansicht, dass der Leichnam im Grab verblieben sei bzw. wiederholen das, was die jüdischen Behörden bereits nach der Auferstehung verlauten ließen, um das leere Grab zu erklären, nämlich dass der Leichnam gestohlen worden sei.[46] Aber auch hier gibt uns das Grabtuch eine klare Antwort:

a) Wenn der Leichnam im Grab geblieben und verwest wäre, dann hätten wir kein Grabtuch, denn es wäre gleichfalls verrottet. Wir hätten niemals ein so intaktes Grabtuch, das keinerlei Anzeichen von Verwesungsflüssigkeit aufweist.

b) Was die Hypothese des Grabraubes anbelangt, so kann man bei der Überprüfung der Blutspuren ein verblüffendes Phänomen feststellen, das im ersten Teil des Buches beschrieben wurde: sie sind überraschend klar auf dem Leinen abgebildet und weisen keinerlei verwischte Konturen auf. Als die Gerichtsmediziner die *Fibrinolyse* (d.h. die Erweichung der Blutkrusten) untersuchten, haben sie festgestellt, dass diese Erweichung zwar ca. 20 Stunden nach dem Todeseintritt statt-

[46] Mt 28, 13-15

gefunden hat, der Kontakt von „Blut und Tuch" aber in dem Augenblick unterbrochen wurde, als man die präzisesten Blutabdrücke erhalten konnte, also ca. 36 bis 40 Stunden nach dem Tod. Das Fehlen jeder Spur von verschmierten Rändern wäre unmöglich, wenn der Leichnam aus dem Tuch genommen worden wäre.

Für den Grabtuchforscher, Mathematiker und Informatiker Aaron Upinsky ist dieses Phänomen ein klarer Hinweis auf die historische Echtheit der Auferstehung, welche im Leichentuch verschlüsselt vorhanden ist. [47] Natürlich kann die Wissenschaft die Auferstehung nicht mit herkömmlichen Mitteln beweisen, da sie ja nicht nachvollziehbar ist, aber vom wissenschaftlichen Standpunkt aus kann man sehr wohl die klaren unverschmierten Konturen der Blutspuren feststellen, die ja nur möglich sind, wenn der Körper auf übernatürliche Weise aus dem Tuch verschwunden ist, und die so den Glauben an die Auferstehung untermauern. Dieses nicht verweste Blut ist die Visitenkarte des Mannes des Grabtuches, wie es im Psalm 16 steht:

> *Darum freut sich mein Herz und frohlockt meine Seele; auch mein Leib wird wohnen in Sicherheit. Denn du gibst mich nicht der Unterwelt preis; du lässt deinen Frommen das Grab nicht schauen. (Ps 16,9-10)*

Zusammenfassend kann man sagen, dass die Wunden der Geißelung, der Dornenkrone, des Kreuztragens und der Lanze sehr wohl gleichsam wie in einem wissenschaftlichen

[47] Upinsky Aaron- Arnaud: L'énigme du Linceul ou la prophétie de l'an 2000, Paris, Fayard 1998

Evangelium die **Identität des Mannes des Grabtuches** enthüllen. Ja, noch mehr: denn sowohl dieses geheimnisvolle Verschwinden des Leichnams aus dem Grabtuch ohne Zerbröseln oder Verschmieren der Blutkrusten, als auch das Körperbild selbst, dessen Entstehung für die Wissenschaft immer noch ein Rätsel ist, konnten weder bei irgendeinem anderen Leichnam noch bei irgendeinem anderen Religionsstifter festgestellt werden.

Daher kann angesichts der Wunden des Mannes des Grabtuches mit an Sicherheit grenzender Wahrscheinlichkeit geschlossen werden, dass dieser niemand anderer als Jesus von Nazareth sein kann, der **historische Jesus,** der uns in den Evangelien beschrieben wird; aber man kann ebenso mit Upinsky und anderen Wissenschaftlern wie z.B. Oswald Scheuermann, Emanuela Marinelli, Giulio Fanti daraus ableiten, dass der Mann des Grabtuches niemand anderer als unser **auferstandener Herr und Gott Jesus Christus** sein muss.

Das Grabtuch ist daher wie Papst Johannes Paul II. sagt, „ein stummer Zeuge, der gleichzeitig überraschend gesprächig ist". [48] Es bezeugt die Inkarnation sowie das Kerygma unseres Glaubens – es ist ein einzigartiger Zeuge der Auferstehung von den Toten.

---

[48] L'Osservatore Romano, 14.-15.4.1980

IV. Das Grabtuch von Turin und die anderen monotheistischen Religionen

Das Grabtuch von Turin ist gleichsam richtungsgebend, wenn man die anderen monotheistischen Religionen näher betrachtet.

Der Islam

Der Islam hat eine sehr hohe Wertschätzung für Jesus, den sündenlosen Propheten und seine heilige, unbefleckte, jungfräuliche Mutter (siehe Sure 3). Jedoch lehnt der Islam sowohl die Kreuzigung als auch den Tod Jesu am Kreuz ab. Er erkennt weder die historische Auferstehung noch die Gottheit Jesu Christi an. Im Koran heißt es in der Sure 4, V.156:

> *Sie sagten: Siehe wir haben den Messias Jesus, den Sohn der Maria, den Gesandten Allahs, ermordet - doch ermordeten sie ihn nicht und kreuzigten ihn nicht, sondern einen ihm ähnlichen...*

Das Grabtuch von Turin hingegen bestätigt die historische Echtheit der Evangelien, denn es beschreibt mit einer Fülle von Details die Passion Christi, die der Islam als verfälscht hinstellt. Dem Moslem, der mit dem Grabtuch konfrontiert wird, bietet sich die Möglichkeit, sich intensiver mit der historischen Person Jesu und seinem Pascha-Mysterium zu befassen.

Das Judentum

Was das Judentum anbelangt, so fügt sich das Grabtuch voll und ganz in den jüdisch-historischen Kontext. Es gestattet uns einen Blick auf das Begräbnisritual, so wie es bis heute noch gebräuchlich ist.

Das Grabtuch enthüllt uns diese geheimnisvolle Person Jesu, die schon im Alten Testament als Knecht Gottes aufscheint und die sich wie ein Lamm hinopfern lässt. Das Grabtuch bestätigt den Mann des Grabtuches als den seit Jahrhunderten **angekündigten Messias**. So finden wir u.a.

- Die Verurteilung und Passion bei Jesaja[49]
- Die Geißelung bei Jesaja[50]
- Sacharja kündigt sowohl Jerusalem[51] als Ort der Passion als auch den Lanzenstich an: „Sie werden auf den blicken, den sie durchbohrt haben"[52]
- In den Psalmen[53] wird Folgendes vorhergesagt: die bittere Gottverlassenheit[54], die völlige Nacktheit, der quälende Durst, der mit Essig gelöscht wird, und es wird auf die Kreuzigung[55] angespielt

Für die Juden des frühen Christentums enthält das Grabtuch die Bestätigung des von Jesus angekündigten „Zeichen des Jona" (Mt 16,4; vgl. Mt 12,38-42).

Wie Jonas nämlich nicht im Inneren des Fisches blieb, sondern von diesem nach drei Tagen wieder ausgespien wurde, so konnte das Grab den Herrn nicht festhalten: er ist auferstanden. Die

---

[49] Jes 52,13-14; 53,7-8.10-12
[50] Jes 50,6
[51] Sach 9,9
[52] Sach 12,10
[53] Ps 22,15-19, Ps 69,22
[54] Ps 22,2
[55] Ps 22,17; siehe dazu auch Jesaja 53,5

Spuren, die er dabei im Grabtuch hinterließ, stellen somit das „Zeichen des Jona" dar.
Das moderne, rabbinische Judentum hält sowohl am seit apostolischer Zeit behaupteten Grabraub (Mt 28,11-15) als auch an der Leugnung der Auferstehung Christi fest und anerkennt also Jesus nicht als den verheißenen Messias. Gerade hier kann das Grabtuch mit all seinen Informationen zu einem hilfreichen Zugang zu Jesus von Nazareth werden. Es enthält nämlich mit seinem **Doppelbild** (Vorder- **und** Rückansicht des Mannes) auch einen wichtigen Hinweis auf die jüdische Mystik. Im jüdischen Denken nimmt die **Zahl Zwei** eine Schlüsselstellung ein. So wird im „Buch der Schöpfung"[56] erwähnt[57], dass die **Zahl Zwei** Hauch vom Hauch bedeutet, aber auch, dass sie den Menschen symbolisiert, dass sie daran erinnert, dass für eine Aussage bei Gericht zwei Zeugen nötig sind, um die Wahrheit zu bestätigen. Schließlich spielt die Zahl Zwei auf den Bund Gottes mit seinem Volk an, den er am Berg Sinai mit den zwei Gesetzestafeln geschlossen hat. Und nicht nur das auf dem Grabtuch befindliche Blut Christi, sondern auch das Doppelbildnis auf dem Tuch erinnert an den Neuen Bund Gottes mit dem Menschen, so wie es die Wandlungsworte Jesu ausdrücken: „Das ist der Kelch des neuen und ewigen Bundes, mein Blut, das für euch und für viele vergossen wird zur Vergebung der Sünden".[58]

---

[56] Buch der Schöpfung in: Wilhelm Kurt: Jüdischer Glaube, Eine Auswahl aus zwei Jahrtausenden, Verlag Schibli-Doppler, Basel s.a. S. 228
[57] Sepher Jesirah, berühmter Teil aus dem „Sohar". Das Buch Sohar ist das rätselhafteste und zugleich das wichtigste Buch der Weisheit der Kabbala. Dieses Buch ist Ende des 13. Jh. in Spanien aufgetaucht und wird neben der Bibel und dem Talmud als Autorität angesehen
[58] Vgl. Mt 26,28

Dieser ausgeblutete Leichnam des Grabtuches ist das makellose, geschlachtete Opfer des Neuen Bundes, der talia (auch hier ist eine zweifache Bedeutung zu vermerken, nämlich Gottesknecht und Gotteslamm), der Neue Bund also, der durch Gottes Erbarmen schon den Propheten verheißen[59] und mit dem Blut Jesu geschlossen wurde. So wie es Zacharias bei der Geburt seines Sohnes ausspricht:

> *Er hat das Erbarmen mit den Vätern an uns vollendet und an Seinen heiligen Bund gedacht, an den Eid, den Er unserem Vater Abraham geschworen hat. (Lk 1,72-73)*

V. Die Bedeutung des Turiner Grabtuches für unsere Zeit

In unserer globalen, zusammenwachsenden Welt steigt auch die Bedeutung des Turiner Grabtuches in seiner *Einmaligkeit*. So scheint es nicht von ungefähr, dass die wissenschaftliche Entschlüsselung des Grabtuches in eine Epoche fällt, die in ihrer antichristlichen Haltung das religiöse Pantheon bzw. den *Religionssynkretismus,* d.h. die Verschmelzung der Religionen propagiert.[60] Wenn alle Religionen denselben Stellenwert haben (besonders die monotheistischen Religionen, wie es Gotthold Ephraim Lessing im Drama „Nathan der Weise" postuliert)[61], wo bleibt dann die Wahrheit, wo bleibt die Einzigartigkeit Christi,

---

[59] Vgl. Jer 31,31 ff; Ez 36,25-28

[60] Jacques Ploncard d'Assac: Le secret des Francs-Maçons, Ed. de Chiré, Vouillé 1979, S.244

[61] 3. Aufzug, 7. Auftritt

die Besonderheit seines Sühn- und Erlösungsopfers? Unsere persönliche Haltung zum Grabtuch kann daher im Hinblick auf diese Betrachtungsweise nicht eine kühle, unverbindliche sein wie bei einem anderen wissenschaftlich interessanten Forschungsobjekt. Das Grabtuch führt uns in das Geheimnis eines Gottes, der von uns eine **Antwort** auf sein Herabsteigen zu uns erwartet, wie es in Psalm 69 steht:

> *Die Schande bricht mir das Herz, ganz krank bin ich vor Schmach; umsonst habe ich auf Mitleid gewartet, auf einen Tröster, doch ich habe keinen gefunden. (Ps 69,21)*

Viele Menschen meinen durch alle Jahrhunderte hindurch, dass Gott – wenn es ihn überhaupt gibt – nicht in die Geschichte eingreifen und sich nicht mit einer menschlichen Natur verbinden kann. Der menschliche Geist ist der absolute Bezugspunkt, zumindest seit dem Humanismus, die menschliche Vernunft das Maß aller Dinge. Am Glauben an Gottes Allmacht, am Glauben an die Wunder, insbesondere am Glauben an das Wunder der Auferstehung, wird an etlichen Universitäten heute gerüttelt. Die Auferstehung wird auf eine einfache Erzählung spiritueller Erfahrung reduziert.

Aber der unbekannte, oben erwähnte Energieschub, der zur Bildentstehung auf dem Grabtuch geführt hat, ist ein Hinweis, dass dieser Mann kein gewöhnlicher Sterblicher ist, wie Sebastiano Rodante meint: „Paranormale Phänomene, z. B. bei Gurus, gibt es nur zu deren Lebzeiten, noch nie hat in der Geschichte ein Toter gestrahlt ...“.[62]

---

[62] Sebastiano Rodante: La scienza convalida la Sindone, Milano, 1990, S.82

Ist es nicht Leugnung der Einzigartigkeit und Gottheit Christi, wenn unter dem Deckmantel eines friedensschaffenden, allumfassenden Weltethos diese **Einzigartigkeit Christi**[63] **und seiner Erlösungstat verschwiegen bzw. relativiert** wird? Man möchte ein Weltethos gleichsam auf dem kleinsten gemeinsamen Nenner *ohne* Dogmen und ohne restriktive, „unzumutbare" Moral schaffen, bzw. eine „zeitgemäße" Ethik errichten, die ohne außermenschliche und außerweltliche Werte auskommt.[64]

Gerade für diese Zeit spiritueller Hungersnot hat uns die Göttliche Vorsehung das Grabtuch aufbewahrt, das uns in der gegenwärtigen antichristlichen Gesinnung eine Stärkung unseres Glaubens, ein Zeichen des Sieges unseres Erlösers und eine kostbare Hilfe ist, um die Liebe zu unserem Herrn Jesus in uns und in anderen neu zu entzünden.

---

[63] Im päpstlichen Dokument der Glaubenskongregation „**Dominus Iesus**" vom 6. August 2000 stehen diesbezüglich klare Worte: „Mit dem Kommen Jesu Christi, des Retters, hat Gott die Kirche für das Heil aller Menschen eingesetzt (vgl. Apg 17,30-31). Diese Glaubenswahrheit ... schließt ... jene Mentalität des Indifferentismus aus, die durchdrungen ist von einem religiösen Relativismus, der zur Annahme führt, dass eine Religion gleich viel gilt wie die andere'." Daher muss die Kirche unablässig verkündigen, dass Christus „der Weg, die Wahrheit und das Leben (Joh 14,6) [ist], in dem die Menschen die Fülle des religiösen Lebens finden, in dem Gott alles mit sich versöhnt hat." Die Wahrheit, die Christus ist, erscheint nötig als universale Autorität. Wenn es auch „Samenkörner" des Logos in anderen Religionen gibt, ist die Fülle, die Universalität und die Endgültigkeit der Offenbarung Gottes nur im christlichen Glauben vorhanden. Die Kirche ist daher zur Evangelisierung der Völker konstitutiv verpflichtet. (Nr. 22)

[64] Ferdinand Fellmann: Die Angst des Ethiklehrers vor der Klasse, Reclam 2000, S.92

VI. Das Grabtuch als wertvolles Mittel zur Neuevangelisierung

Der Christenheit ist neben dem Turiner Grabtuch noch ein weiteres bedeutsames Bild hinterlassen, das ebenfalls nicht von Menschenhand gemacht ist, in anderen Worten: ein *acheiropoieton* Es handelt sich um das Bild der **Madonna von Guadalupe**. Zur Wintersonnenwende 1531, in einem Augenblick größter, kollektiver Depression der Azteken, erweist sich Maria als die Mutter Gottes und als vollkommene Jungfrau (als Immaculata), die den Azteken **die wahre Sonne, den wahren Gott Jesus Christus bringt**. Indem sie ihr Bild auf der *Tilma*, dem Mantel des Sehers Juan Diego hinterlässt, verwendet Maria Elemente der zerstörten aztekischen Kultur. Sie zeigt den Azteken, dass Christus, den sie in ihrem Schoss trägt, und der durch die *Flor solar*[65] auf ihrem Leib versinnbildlicht ist, der einzige und wahre Gott ist. Dieses Bild, das für die Azteken eine Art Kodex bedeutete, machte auf diese einen solchen Eindruck, dass sie sofort die an sie gerichtete Botschaft verstanden. Papst Johannes Paul II. nannte Maria wegen dieser himmlischen Pädagogik „**Stern der Evangelisation**". Dank dieses wunderbaren Bildes bekehrten sich in kürzester Zeit 8 - 9 Millionen (!) Azteken zum Christentum. Es läutete die Geburtsstunde des mexikanischen Volkes ein, denn nach diesem außergewöhnlichen Ereignis verschmolzen die beiden Todfeinde, Azteken und Spanier, zu einem einzigen Volk.

---

[65] Flor solar heißt wörtlich Sonnenblume und ist das Symbol für den obersten Gott der Azteken

Abb. 36:
Die „Flor solar" (Sonnenblume), die sich unterhalb der Gürtelbänder auf dem Leib der Madonna von Guadalupe befindet.

Wer weiß, wie viele Menschen sich zum Christentum bekehren könnten, wenn das Grabtuch von Turin eines Tages als wahres Leichentuch Christi von der Kirche anerkannt würde. Vielleicht würde diese Anerkennung eine ähnliche Wirkung wie das Bild von Guadalupe hervorrufen?

Heute leben wir in einer **Kultur der Bilder**. Daher ist auch das Grabtuch von Turin ein wertvolles Hilfsmittel bei der Neuevangelisierung bzw. beim interreligiösen Dialog.

Warum?

Weil sich heute die Worte Lessings in *Nathan der Weise* zu verwirklichen scheinen, dass alle Religionen – speziell die drei monotheistischen Religionen – austauschbare Wege zu Gott seien. Selbst Kirchenmitglieder sind sich nicht mehr sicher, welches die wahre Gottesverehrung ist.

Hier zeigt aber das Grabtuch von Turin klar auf, dass die Evangelien **nicht verfälscht** worden sind und dass die in ihnen überlieferten Ereignisse echten **historischen** Wert besitzen.

Dieses Grabtuch kann also mithelfen, dass einer, der Gott sucht, den wahren Glauben findet bzw. dass einer, der schon das Geschenk des Glaubens besitzt, noch tiefer in die Kontemplation geführt wird und eine immer innigere Christusbeziehung erfährt.

Für viele Menschen geht eine Faszination vom heiligsten Antlitz aus, wie wir es auf dem Turiner Grabtuch vorfinden. Das hat seinen tiefsten Grund in den Worten Jesu selbst: „Wer mich sieht, sieht den Vater" (Joh 14,9). Das Antlitz Christi entdecken heißt das Antlitz des Vaters entdecken und sich darin verlieren.

Als Beispiel für die Beziehung, die zwischen der Verehrung des hl. Antlitzes und der Evangelisation der Welt besteht, sei die **hl. Therese von Lisieux** genannt (+ 1897) – sie hieß ja Thérèse de l'Enfant Jésus et de la Sainte Face (Therese vom Kinde Jesu und vom hl. Antlitz). Für Therese war die Verehrung des hl. Antlitzes **„der Schlüssel zur Schatzkammer Gottes"**. Ein Blick auf das heiligste Antlitz gab ihr die Kraft, ihren eigenen Willen lächelnd preiszugeben. Sie verfasste auch einen Lobgesang auf das heiligste Antlitz. Trotz ihres verborgenen Lebens in einem Karmelitinnenkloster wurde sie 1927 von Papst Pius XI. zur Weltpatronin der Missionare (!) erklärt.

Abb. 37:
Die hl. Theresia vom Kinde Jesu und vom hl. Antlitz war eine glühende Verehrerin des hl. Antlitzes.

Über die Betrachtung und Verehrung des hl. Antlitzes haben auch wir die Möglichkeit, zur Verehrung des innersten Personenkerns Jesu, seines göttlich liebenden Herzens, vorzudringen. In der Betrachtung des hl. Antlitzes kommt uns der Herr entgegen, damit er uns mit seiner Liebe und seinem Hl. Geist erfüllen kann. Diese Liebe drängt uns zum Zeugnis, zum Apostolat, zur Nachfolge Christi.

Mit der Liebe zum hl. Antlitz einerseits und den Erkenntnissen der Grabtuchforschung andererseits können und sollen wir uns an eine schwierige und oft aussichtslos scheinende Neuevangelisierung wagen, wie es die Päpste des 20. Jahrhunderts immer wieder gefordert haben.

Die katholische Kirche zwingt uns die Verehrung des Grabtuches nicht auf. Aber wenn es echt ist, dann erhellt es auf einzigartige Weise die christologischen Dogmen.

Bild und Blut des Grabtuches geben uns gleichsam den konkreten, anschaulichen Beweis der unendlichen, göttlichen Liebe des Vaters, wie es bei Johannes steht:

> *Gott hat die Welt so sehr geliebt, dass er seinen einzigen Sohn hingab, damit jeder, der an ihn glaubt, nicht zugrunde geht, sondern das ewige Leben hat. (Joh 3,16)*

4. Teil
Die beiden Tücher des leeren Grabes nach Johannes 20,7

Das Turiner Grabtuch in Kombination mit dem Schweißtuch von Oviedo

Als während der Revolte der kommunistischen Bergarbeiter in Asturien am 7. Oktober 1934 eine Kapelle des Domes zu Oviedo, die *Cámara Santa,* durch ein Attentat in Schutt und Asche gelegt wurde, ahnte wohl niemand, dass damit auch um ein Haar eines der erschütterndsten Fundstücke der Antike und neben dem Grabtuch von Turin vielleicht die bedeutendste Reliquie der Christenheit zerstört worden wäre: nämlich das *Sudario de Oviedo*, das Schweißtuch von Oviedo.
Worum handelt es sich bei dem *Sudario de Oviedo* und was ist das für ein Schatz, von dem Monsignor Giulio Ricci, der 1995 verstorbene römische Pionier der Grabtuchforschung und ehemalige Vorstand des Centro Romano di Sindonologia, gesagt haben soll: „Voi, voi avete il maggiore tesoro della cristianità: il sangue di Cristo“[66] („Ihr, ihr habt den größten Schatz der Christenheit: das Blut Christi").
Jeden Karfreitagabend werden die Gläubigen in der Kathedrale zu Oviedo nach jahrhundertealter Tradition am Schluss der Liturgie mit dem Sagrado Rostro (hl. Antlitz) oder *Santo Sudario* gesegnet. Bis auf das Kreuzfest am 3. Mai bzw. das

---

[66] Sr. D. Rafael Somoano Berdasco, Deán-Presidente del Cabildo de Oviedo, in: Actas del I Congreso Internacional sobre El Sudario de Oviedo, Oviedo 1996, S. 476

Fest der Kreuzerhöhung am 14. September, und dessen Oktav, das Fest des hl. Apostels Matthäus am 21. September bleibt es aber in der *Cámara Santa* verborgen.

Abb. 38: Die Kathedrale San Salvador in Oviedo mit ihrer Cámara Santa, in der seit Jahrhunderten das Schweißtuch aufbewahrt wird.

Abb. 39:
Der italienische Sindonologe Msgr. Giulio Ricci, der mit seinen bahnbrechenden Untersuchungen in Oviedo die wissenschaftliche Erforschung des Schweißtuches ins Rollen gebracht hatte.

I. Die Beschaffenheit des Tuches

Dieses Sudario, seit jeher „Sudarium Domini“ oder „hl. Schweißtuch“ genannt, ist ein stark verschmutztes, zerknittertes, rechteckiges Leinentuch in Querformat von 855x526 mm Größe, auf dem man hellere und dunklere symmetrische Flecken und Falten, aber kein Bild erkennen kann.

Die Webart ist vom Typus Taft[67], d.h. Kette und Schuss stehen senkrecht zueinander, eine etwas gröbere Webart, die allgemein in der Antike bekannt war und vor allem für Gebrauchsgegenstände verwendet wurde. Möglicherweise wurde der Stoff auf einem vertikalen Webstuhl mit Gewichten angefertigt. Er weist eine große Anzahl von Webfehlern auf. Die Windung der Fäden in Z (gegen den Uhrzeigersinn) verweist auf den syro-palästinensischen Raum als Ursprungsgebiet, während die Windung im Uhrzeigersinn (in S) aus dem Nilbecken stammt. Die Fäden des Turiner Grabtuches und des Schweißtuches von Oviedo haben die gleiche Machart, dieselbe Dicke der Fasern, die Verarbeitung ist aber verschieden: ein Köper in Fischgrätenmuster für das Grabtuch, ein einfacher Taft für das Schweißtuch. Mit dem Elektronenmikroskop kann man klar den pflanzlichen Ursprung der aus Leinenfasern gewonnenen Fäden feststellen. Das wurde mit der Probe von Vétillard überprüft, wo bei positivem Ergebnis sich die Leinenfasern zum Unterschied von Hanf oder Chinagras blau färben. Die Zusammensetzung der Fäden ist homogen, sie schließt eine

---

[67] Taft ist die Bezeichnung für einen leichten Seidenstoff (persisch: taftan = spinnen)

Präsenz von anderen Naturfasern wie Baumwolle oder Wolle bzw. eine Einfärbung der Fasern aus. Das Leinentuch wurde so angelegt, dass der Schuss mit der Breitseite übereinstimmt. Das Tuch zeigt sich dem Betrachter ohne Schutz und ist nur auf einem weißen, ausgespannten Stoff, der sich in einem Rahmen befindet, aufgenäht. Frühere Silbernägel wurden durch Eisennägel ersetzt, die oxydierte Spuren auf den Rändern des Tuches hinterließen. Auf der oberen Seite des Rechteckes sieht man in einer stark zerschlissenen Zone, 222 mm von der linken Ecke entfernt, eine Naht von 5,5 cm Länge. Im Mittelteil springt dem Betrachter ein ovales Loch von 12,4 x 19,6 mm ins Auge, das vermutlich durch einen Brand entstanden ist. In gewissen Zonen des Leinens kann man kleine Durchlöcherungen des Stoffes wie von Nadeln oder Stiften erkennen.

Abb. 40: Vorderansicht des Schweißtuches von Oviedo, wie es sich dem Betrachter zeigt.

II. Von Jerusalem nach Oviedo

Abb. 41: Der vermutliche Weg des Schweißtuches von Jerusalem nach Oviedo

In der Tradition wurde es immer und einzig als das Schweißtuch des Jesus von Nazareth bezeichnet, das bis zum 7. Jahrhundert, vielleicht bis 614, dem Jahr des Einfalles der Perser in Jerusalem, ebenda aufbewahrt wurde, dann aber Palästina verließ. Es soll nach der Überlieferung in einer von den Jüngern Jesu erbauten *Arca* (Truhe) aufbewahrt worden sein, in der noch andere Andenken an den Herrn und seine Mutter aufgehoben wurden. Diese Etappe ist heute nicht mehr überprüfbar. Man vermutet aber tatsächlich die Existenz eines solchen Tuches in Jerusalem, wie aus alten Quellen hervorgeht.[68] Es gibt Hinweise, dass es Petrus (vielleicht aber auch Jakobus oder Johannes) gewesen sein könnte, der die Grablinnen aufbewahrt hätte.[69] Allerdings erge-

[68] San Braulio von Zaragoza: Arculfi relatio de locis sanctis, ab Adamanno scripta
[69] z.B. Hebräerevangelium, Nina (Nino) von Georgien, Cyrill, Patriarch von Jerusalem, Johannes Damascenus, Isodad von Merv

ben sich hier einige Schwierigkeiten im Gebrauch des Ausdrucks *Sudarion* (Schweißtuch), mit dem oft auch die *Sindone* (Grabtuch [von Turin]) bezeichnet[70] worden ist.
Ein Priester namens Philippus soll beauftragt worden sein, die Arca vor den heranrückenden Persern nach Alexandrien in Sicherheit zu bringen. Die *Arca* musste ihre Flucht im Jahre 616 jedoch über Nordafrika nach Cartagena in Spanien fortsetzen. Cartagena war im 7. Jh. eine mächtige byzantinische Metropole mit Verbindungen bis nach Jerusalem und Alexandrien. Der Bischof von Ecija, der hl. Fulgentius, empfing die Flüchtlinge und die Reliquien und übergab die *Arca,* in der sich das Schweißtuch befand, dem hl. Leander, dem Bischof von Sevilla, welches zur damaligen Zeit die religiöse Hauptstadt der Halbinsel war. Auf Leander folgte der hl. Isidor. Unter dessen Schüler Ildefons wurde Toledo 657 religiöser Hauptsitz, welcher nun mit den bedeutendsten Reliquien der Christenheit ausgezeichnet wurde. Die *Arca* blieb längere Zeit in Toledo (vermutlich bis 718) und wurde dort wahrscheinlich auch geöffnet, wie aus einem späteren Inventar von Alfons VI. ersichtlich ist. In Folge der arabischen Invasion in Spanien emigrierten die Westgoten nach Norden und nahmen die Reliquien mit sich. So gelangte die Arca von Toledo ins asturianische Königreich, wobei es nicht ganz sicher ist, ob diese Flucht zu Lande oder auf dem Seeweg stattfand. Pelagius, Bischof von Oviedo im 12. Jahrhundert, setzt die-

---

[70] vgl. noch heute im Franz. „le Saint Suaire" (= das Heilige Schweißtuch) für das Grabtuch von Turin.
Jorge-Manuel Rodríguez Almenar, in: El Sudario de Oviedo, Hallazgos recientes, Centro Español de Sindonología, Valencia 1998, S. 14 ff

sen Auszug aus Toledo in den historischen Kontext der Flucht bei der Schlacht am Guadelete 711. Von ihm stammt die älteste vollständige Geschichte des Tuches im *Liber Testamentorum* oder *Libro Gótico.* Er stützt sich bei seinen Erzählungen auf den Bericht eines Mönches von Silos aus dem Jahre 1115 (der Silense). Der maurische Geschichtsschreiber Abunbenque Mohamat Rasis berichtet ebenfalls in seinem Werk *Historia y descripción de España 977*, dass viele Christen in die Asturianischen Berge flohen und mit sich Reliquien führten, die sie in unterirdischen Verstecken verbargen. Nach Pelagius sei die Truhe direkt von Toledo nach Oviedo gekommen. Dieses Detail kann aber nicht stimmen, denn Oviedo wurde nicht vor 761 gegründet und nach der Zerstörung durch die Araber erst im Jahre 795 wieder aufgebaut. Man nimmt an, dass die Arca erst zwischen 812 und 842 nach Oviedo in Asturien kam und seit dieser Zeit dort aufbewahrt und von den Pilgern verehrt wurde. Ja, dass sogar die Pilger, die nach Santiago de Compostela zogen, einen Umweg machten, um das *Santo Sudario* in Oviedo zu verehren. So heißt es im Wortspiel eines alten Pilgerliedes[71]:

Quien va a Santiago y no al Salvador,
Honra al siervo y deja al Señor.

„Wer nach *Santiago* (dem hl. Jakob) geht und nicht zum Heiland *(al Salvador)*, ehrt den Diener und lässt den Herrn links liegen.“
(El Salvador ist der Name der Kathedrale von Oviedo)

[71] Marc Guscin: The Oviedo Cloth, Cambridge 1998, S. 20

Abb. 42: Einer der traditionellen Pilgerwege nach Santiago führt über Oviedo, wo seit Jahrhunderten das Santo Sudario verehrt wird.

Die Reliquien wurden zuerst in einer von Oviedo 10 km entfernten Höhle, heute Monsacro genannt, versteckt. Das Tuch war vermutlich in dieser Höhle, bis König Alfonso II. (791 - 842) einen eigenen Aufbewahrungsort, nämlich die *Cámara Santa* im Jahre 840 in der Kathedrale erbauen ließ.

Das Schlüsseldatum für die Geschichte des Schweißtuches ist der 13. März 1075, damals der 4. Freitag der Fastenzeit. An diesem Tag wurde der Schrein in Gegenwart von König Alfons VI., seiner Schwester Doña Urraca, Rodrigo Diaz de Vivar (El Cid Campeador) und zahlreichen Bischöfen geöffnet. Dieser offizielle Akt wurde in einem Dokument festgehalten, das sich heute in einer Kopie aus dem 13. Jh. in den Domarchiven der Kathedrale von Oviedo befindet. Von diesem Zeitpunkt an wurde das Schweißtuch offiziell in die asturianische Geschichte aufgenommen. 1113 ließ Alfons VI. die Truhe kostbar mit Silber verkleiden. Unter den lateinischen und arabischen Inschriften sticht eine lateinische hervor, die alle Katholiken auffordert, diese Reliquie, die das kostbare Blut enthält, zu verehren. Aber auch in fremden Dokumenten wurde das Schweißtuch schon sehr früh erwähnt. So wurde z.B. in einem französischen Katalog des 11. Jahrhunderts die

Liste der in der Kathedrale von Oviedo verehrten Reliquien kopiert, wobei man in der Einleitung Bezug auf den Weg der Arca nimmt: „Ab urbe Iherosolima transtulit in Affricam ab Affrica in Chartaginem, a Chartagine in Toletum, a Toleto in Asturias in ecclesia Sancti Salvatoris loco qui dicitur Ovetum".[72]

Aus der Stadt Jerusalem übertragen bis nach Afrika, von Afrika nach Cartagena, von Cartagena bis nach Toledo, von Toledo nach Asturien in die Kirche des Heiligen Erlösers, in einen Ort, der Ovetum genannt wird.

Abb. 43: Die *Arca,* die hölzerne Truhe, in dem das Schweißtuch seine Reise unternahm, wurde 1113 in Oviedo kostbar mit Silber verkleidet.

III. Im Interesse der Wissenschaft

Bis zu Beginn des 20. Jahrhunderts gibt es zahlreiche Erwähnungen der Reliquie, aber dann ist das Schweißtuch völlig in Vergessenheit geraten. So war es ein nichtspanischer *Sindonologe* (Grabtuchforscher), der bereits oben erwähnte

[72] Jorge-Manuel Rodríguez Almenar, in: El Sudario de Oviedo, Hallazgos recientes, CES, Valencia 1998, S.26

Msgr. Giulio Ricci, der sich seit der Mitte der sechziger Jahre als erster für eine wissenschaftliche Untersuchung des Schweißtuches einsetzte, da er einen Zusammenhang mit dem Grabtuch vermutete. Bis dahin hatte niemand die auf dem Tuch befindliche Symmetrie der Flecken erkannt, und man dachte, dass dieses Schweißtuch vielleicht eine Art Kinnbinde gewesen sein könnte. Ricci bringt zum ersten Mal die Möglichkeit ins Spiel, dass dieses Leinen nicht nur denselben Leichnam wie das Grabtuch bedeckt hätte, sondern gebraucht worden sei, um das Antlitz Jesu ***vor*** seinem Begräbnis zu verhüllen. Diese Vermutung Riccis sollte eine kopernikanische Wende in der wissenschaftlichen Geschichte des Schweißtuches bedeuten. Mittlerweile beschäftigen sich internationale Wissenschaftler seit dem Ende der achtziger Jahre mit dem Tuch, wobei sich die Forschung seit dem Bekanntwerden des negativen Ergebnisses des Radiokarbontestes am Turiner Grabtuch noch intensiviert hat.

So wurde am 18. Dez. 1987 in Valencia das CES (Centro Español de Sindonología) von Manuela Corsini de Ordeig gegründet, die sich gleichfalls seit den sechziger Jahren mit dem Thema des Schweißtuches beschäftigte. Kurz darauf erfolgte 1989 die Gründung der interdisziplinären Gruppe von Wissenschaftlern EDICES (Equipo de Investigación del Centro Español de Sindonología), die ihre Forschungsergebnisse in Kongressen und wissenschaftlichen Publikationen der Öffentlichkeit bekanntgibt. Ricci hat als erster versucht, ein Nummerierungssystem für die Oberfläche des Tuches anzufertigen, um die Morphologie und Geometrie der Flecken besser studieren zu können. Die Referenzpunkte sind heute allerdings unbrauchbar, da er Vorder- und Rückseite des Tuches verwechselt hat. Die Pollenanalyse hingegen, die auf seine Anregung hin von Max Frei-Sulzer an dem Tuch vorgenommen wurde, bestätigt genau den historisch überlieferten Weg des Linnens. Max Frei-Sulzer fand Pollen aus Palästina, insbesondere aus Jerusalem[73], Nordafrika, Toledo und Oviedo, jedoch keine Pollen von Konstantinopel, Frankreich, Italien oder sonst einem mitteleuropäischen Land, was bestätigt, dass dieses Tuch einen anderen Weg und damit eine andere Geschichte als das Grabtuch von Turin hat.

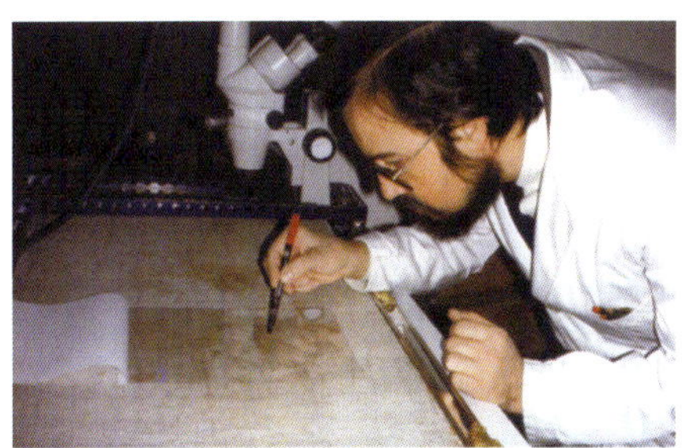

Abb. 44: Ein Wissenschaftler bei der Arbeit, um Referenzpunkte am Schweißtuch zu bestimmen.

IV. Das Schweißtuch spricht für sich

1989 bzw. 1990 wurden bei diversen Studientagungen des EDICES über das Sudarium von Oviedo verschiedene Fotografien mit normalem, ultraviolettem und infrarotem Licht in Schwarzweiß- und Farbaufnahmen gemacht.

---

[73] Z .B. Quercus, Pistacia palestina, Tamarix, Acacia albida, Hyoscyamus aureus, Gundelia Tournefortii, etc. in : Sudario del Señor, S.83 ff.

Bei infrarotem Licht konnte man Dinge erkennen, die mit freiem Auge nicht sichtbar sind. Z. B. konnte man sehen, dass sich unter den Flecken nichts, weder eine Inschrift noch ein Bild, befindet. Mit UV-Licht wurden z.B. Wachstropfen festgestellt bzw. die verschiedene Dichte der Blutflecken nachgewiesen. Dadurch war es möglich, den Mechanismus der Bildung der Flecken zu studieren. Man konnte auch im Stoff Unregelmäßigkeiten durch Falten und Zerknitterung erkennen, die mit freiem Auge nicht sichtbar sind. Das Tuch wurde genau vermessen, gefilmt und mit einem eigenen Computerprogramm digitalisiert. Die Flecken wurden mit makro- und mikrographischen Studien unter Mitarbeit des Laboratoriums für Kriminalistik und Gerichtsbiologie zuerst auf der Abteilung für Gerichtsmedizin in Madrid, dann von der Lehrkanzel für Gerichtsmedizin von Valencia untersucht. Die Analysen wurden mittels Modellen (Mannequins) und verschiedenen Hilfsgegenständen durchgeführt und die Flecken chemisch, spektroskopisch und immunologisch ausgewertet.[74]

Das Ergebnis war verblüffend: Es handelt sich um menschliches, männliches Blut mit der Blutgruppe AB. Dieser Umstand war entscheidend für alle weiteren Forschungen, da das Blut des Grabtuches von Turin ebenfalls diese in Europa seltene Blutgruppe AB hat. Hätte die Blutgruppe nicht übereingestimmt, so wären alle Untersuchungen und vergleichenden Studien mit dem Grabtuch vergeblich gewesen. Als die

---

[74] Reaktion von Adler-Ascarelli, Reaktion von Lecha-Marzo, Reaktion von Teichmann - intensiv positiv, Reaktion von Stryzowsky - intensiv positiv, Reaktion von Sarda - positiv, Reaktion von Takayama - positiv, Reaktion von Guarino positiv in: El Sudario de Oviedo, Centro Español de Sindonología, S.65

Radiokarbondatierung das Turiner Grabtuch ins Mittelalter verwies, wurde sofort die Frage laut, wie es möglich sein könne, dass auf dem Schweißtuch von Oviedo Blutflecken des Leichnams des Turiner Grabtuches aufscheinen können, wenn das Schweißtuch seit 1075 in der *Cámara Santa* aufbewahrt wird, und seine Geschichte zumindest bis in 7. Jahrhundert zurückzuverfolgen ist?

Die Flecken auf dem Schweißtuch zeigen, dass das blutgetränkte Tuch gefaltet wurde, aber nicht genau in der Mitte. Das Blut floss so reichlich, dass es durch alle vier Schichten des gefalteten Tuches drang, sodass ein vierfacher Fleck mit abnehmender Intensität entstanden ist. Das spanische Forschungsteam hat die zwei Seiten des Tuches *Vorderseite* und *Rückseite* (anverso und reverso) und die vier Gruppen von Flecken *linke* und *rechte Vorderseite* (anverso izquierdo, anverso derecho) und *linke* und *rechte Rückseite* (reverso izquierdo, reverso derecho) genannt. Die Gruppe von Flecken, die linke Rückseite genannt wird, ist der Teil des Tuches, der in direktem Kontakt mit dem Gesicht war, wie man aus den darauf befindlichen Blutkrusten schließen kann. Der bemerkenswerteste Umstand ist aber der, dass alle Flecken weitgehend mit dem Gesicht des „Mannes des Grabtuches" übereinstimmen. Die Flecken bestehen zu sechs Teilen aus einer Lungenödemflüssigkeit und zu einem Teil aus Blut. Diese Erkenntnis führt sowohl den Wissenschaftler wie den gläubigen Betrachter mitten in das Passionsgeschehen, denn ein derartiges Blutgemisch kann nur entstehen, wenn der Sterbende an einer qualvollen Atemnot gelitten hat. Dabei füllen sich die Lungen mit Flüssigkeit aus dem Lungenödem. Wird der

Leichnam dann in irgendeiner Weise bewegt, so strömt diese seröse Flüssigkeit aus Mund und Nase. Ein solcher Blutfluss, der von dem Linnen aufgesogen wurde, bildet den Hauptteil der auf dem Tuch sichtbaren Flecken. Diese sind zum Teil übereinanderliegend, was beweist, dass sie zu verschiedenen Zeitpunkten entstanden sind. Man konnte auch die Fingerabdrücke einer linken Faust feststellen, die das Tuch auf die Nase gedrückt hat, um den Blutfluss zu stoppen.

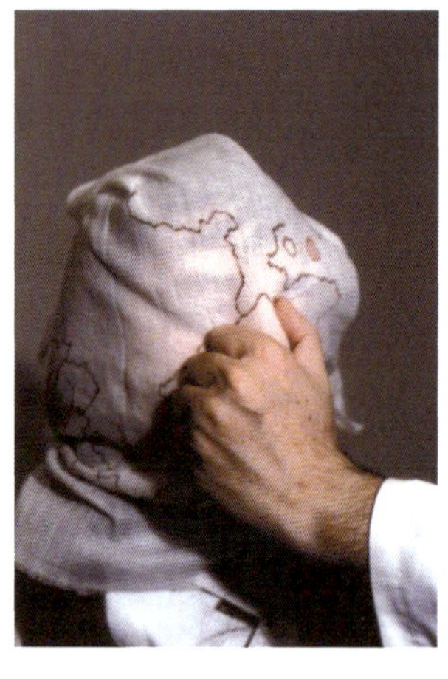

Abb. 45: Die linke Faust versucht, den Flüssigkeitsstrom zu unterbinden, dadurch entstanden die charakteristischen Mittelflecken.

V. Zeuge der Kreuzigung

Wann wurde das Linnen mit dem Blutfluss getränkt?

In Übereinstimmung mit der jüdischen Tradition, das entstellte Gesicht eines Toten zu verhüllen,[75] wurde das Schweißtuch auf das blutige und übel zugerichtete Gesicht Jesu gelegt, als

[75] Pentateuch, Sanhedrin, Enciclopedia Universal Judía: Jorge-Manuel Rodríguez Almenar in: El Sudario de Oviedo, Hallazgos recientes, CES, Valencia 1998, S.9 ff

der Leichnam **noch am Kreuz hing, und nach der Kreuzabnahme auf dem Gesicht belassen**, bis der Körper im Grab ins Grabtuch eingehüllt wurde. Zu diesem Ergebnis kamen die vom EDICES durchgeführten wissenschaftlichen Untersuchungen. Mit Hilfe kriminalistischer Untersuchungstechniken konnte man eine Hinrichtung rekonstruieren, die vor 2000 Jahren stattgefunden hat, wobei uns **schrittweise die Flecken des Schweißtuches enthüllen, was unmittelbar vor und nach dem Tod mit dem Leichnam geschah.**

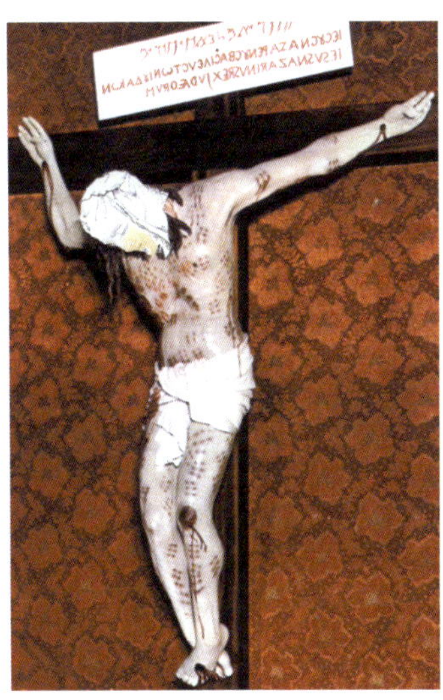

Abb. 46:
Modell von Msgr. Ricci zur Veranschaulichung der Lage des Leichnams am Kreuz.

So ist das Schweißtuch von Oviedo ein Tuch, das mit Sicherheit über den Kopf eines erwachsenen Mannes gelegt wurde, der typisch jüdische Charakteristika aufweist: Bart, Oberlippenbart, langes, im Nacken zusammengefasstes Haar und Paikeles, d.h. Haarsträhnen zu beiden Seite des Gesichtes (vom Hebräischen *peot* = Ecken). Dieser Mann war bereits tot, als das Tuch über sein Gesicht gelegt wurde, denn der Mechanismus der Bildung der Flecken ist mit jeglicher Atemtätigkeit unvereinbar.

Der Hinterkopf weist eine Anzahl von Stichwunden auf, die zu Lebzeiten entstanden sind (Lebendblut) und die ca. eine Stunde vor dem Auflegen des Tuches noch geblutet haben. Praktisch der ganze Kopf, der Hals, die Schulterblätter und ein Teil der linken Schulter des Mannes waren blutbefleckt, bevor man sie mit dem Tuch bedeckte. D.h. dieser Mann wurde vor dem Tod mit Gegenständen gefoltert, die ihn auf der Kopfhaut bluten ließen und ihn zumindest am Hals, auf den Schulterblättern und auf dem oberen Teil der Schulter blutig verwundeten.

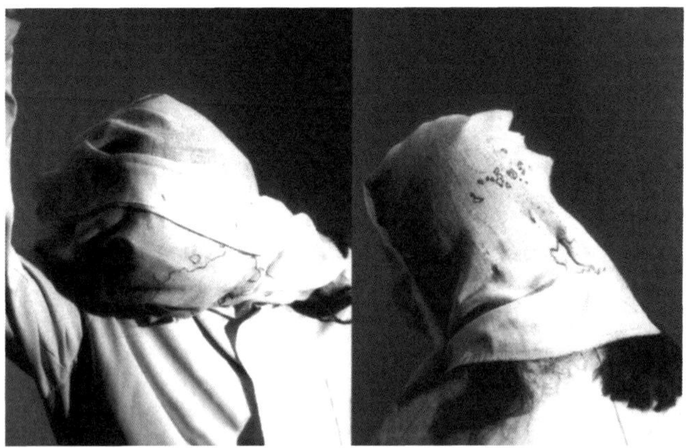

Abb. 47: *Links:* Die Lage des Schweißtuches am Kreuz. *Rechts*: Die Hinterhauptswunden am Schweißtuch decken sich mit den Wunden der Dornenkrone des Grabtuches von Turin.

Das Tuch wurde vom unteren Hinterkopf beginnend über den Kopf gelegt und an Bart und Haar mit spitzen Gegenständen (Nadeln) befestigt. Es hüllte den linken Teil des Hauptes ein und reichte bis zum rechten Kieferwinkel, wo es dann zurückgeschlagen bzw. gefaltet wurde und in Form einer Kleiderfalte in Höhe des linken Kieferwinkels endete. Aus der Faltung des Tuches ist ersichtlich, dass zumindest der rechte Arm erhoben war und ein Hindernis für das Einhüllen des Kopfes darstellte, solange sich die Flecken (mit Ausnahme des letzten Fleckes) bildeten.

Abb. 48: Das Tuch konnte nicht um den ganzen Kopf geschlagen werden, da der rechte Oberarm ein Hindernis darstellte. Daher wurde es von der linken Seite des Hinterhauptes bis zum Oberarm gelegt und dann zurückgeschlagen.

Aus der Morphologie der Flecken geht jedoch hervor, dass der Leichnam in vertikaler Position an beiden Armen aufgehängt war. Sein Haupt war 70° nach vorne und 20° nach rechts geneigt. (Wenn er nur am rechten Arm aufgehängt gewesen wäre, wäre der Kopf ziemlich nach links geneigt gewesen. Wenn beide Arme bzw. Hände *über* dem Kopf zusammen befestigt gewesen wären, wäre der Kopf nach vorne geneigt gewesen und nicht nach rechts. Wären seine Füße lose heruntergehangen und nicht befestigt gewesen, wäre er in 15 bis 20 Minuten gestorben, ohne dass er Zeit gehabt hätte, die für die Entstehung der Flecken nötige Quantität an Lungenödemflüssigkeit zu erzeugen). Daher ist die Haltung, die sich mit der Bildung der Flecken des Tuches von Oviedo in Einklang bringen lässt, eine typische Kreuzeshaltung und es handelt sich somit eindeutig um ein Kreuzigungsopfer. Der Leichnam verblieb ca. eine Stunde in vertikaler Haltung mit verhülltem Haupt, wobei kontinuierlich Blut und Serum aus Mund und Nase sickerte und dabei den gesamten Bart durchtränkte. Dieser Blutstrom, der aus dem rechten Mundwinkel hervorquoll, bildete den unteren Hauptfleck, aus dem hervorgeht, dass der Kopf nach rechts geneigt blieb und fast auf der Brust bzw. auf der vorderen Seite der rechten Schulter auflag.

Dann wurde er ohne die Haltung der Arme zu verändern in die rechte seitliche Bauchlage gebracht, wobei die Drehung des Kopfes 20° nach rechts beibehalten und dieser 115° in Bezug zur Vertikalen gelegt wurde. In dieser Lage verblieb der Leichnam ca. eine Stunde, dabei bildete sich der Hauptfleck auf der rechten Stirnseite.

Nach dieser Zeitspanne wurde der Körper bewegt, wobei gleichzeitig eine fremde linke Faust kräftig auf Mund und Nase drückte, um den Flüssigkeitsschwall aufzufangen und zum Stillstand zu bringen. Bei all diesen Stellungen blieb das Tuch doppelt über dem Gesicht des Leichnams gelegt. Dann aber wurde das Tuch auseinandergenommen und damit der ganze Kopf des Leichnams eingehüllt. Es bedeckte den Kopf in Art einer Büßermütze, die am blutverkrusteten Haar wiederum mit spitzen Gegenständen befestigt wurde. Dann wurde das Tuch am oberen Teil des Kopfes (am Scheitel) verknotet. In dieser Lage drückte ebenfalls eine Faust auf Mund und Nase, dabei verrutschte das Tuch mehrmals über dem Gesicht. Diese Bewegungen verursachten den großen Fleck in Trapezform, auf dessen Oberfläche sich die interdigitalen Fingerabdrücke abzeichnen.

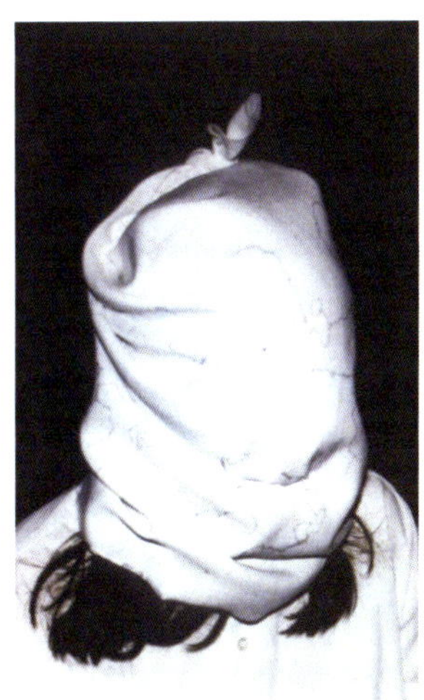

Abb. 49:
Nachdem man die Arme vom Patibulum (Querholz) gelöst hatte, wurde das Schweißtuch um den ganzen Kopf geschlungen und am Scheitel verknotet.

Sobald der Leichnam beim Grab angekommen war, wurde das Tuch sofort vom Kopf abgezogen und mit einer Substanz besprengt, die Aloe und Storax[76] enthielt. Aloe wurde hauptsächlich auf dem Tuch in Verbindung mit Blut gefunden, an dem es zu kleben schien. Die Aloe kam also auf das bereits

[76] Storax ist ein in der Rinde des orientalischen Amberbaumes (Zaubernussgewächs) enthaltenes aromatisches Harz.

blutgetränkte Tuch, da ja im gegenteiligen Falle die Aloeteilchen sich mit Blut vermischt hätten und damit getränkt gewesen wären. Die Seite des Tuches, die in Kontakt mit dem Gesicht des Leichnams war (d.h. das linke untere Viertel der Rückseite des Tuches), weist eine höhere Quantität von Blut und Aloe auf als das übrige Tuch. Dort, wo kein Blut vorhanden ist, nimmt auch die Konzentration der Aloe ab, da es kein Element gibt, das sie hätte fixieren können.

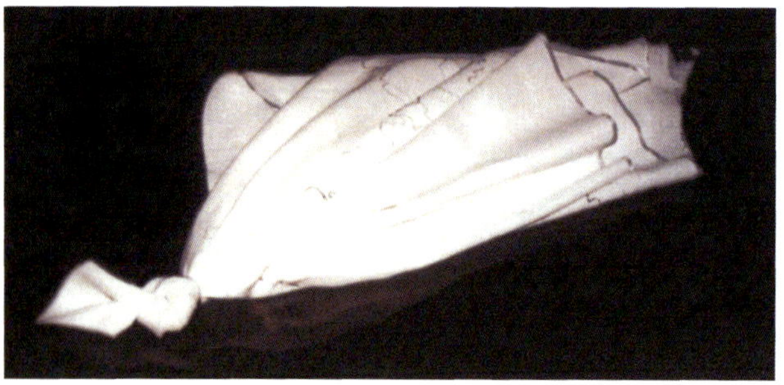

Abb. 50: Beim Grab angekommen, wurde das Schweißtuch vom Kopf abgezogen. Dieses am Scheitel verknotete Tuch ist das von Johannes beschriebene „zusammengefaltete" Schweißtuch (Joh 20,7).

Abb. 51: Detailaufnahme des Gewebes, das mit Blut und Aloe (als weiße Pünktchen erkennbar) getränkt ist.

Die Untersuchung der Flecken auf dem Schweißtuch

Für Studienzwecke wurde ein Glaskopf konstruiert, mit dem man experimentell die Entstehung der Flecken des Leinens nachvollziehen konnte. Mittels eines Goniometers (Messinstrument zur Winkelbestimmung) konnten dabei die diversen Winkel der Kopfhaltung überprüft werden. Mit dem Elektronenmikroskop wurde festgestellt, dass die ganze Rückseite (*reverso*) des Tuches mit winzigen Spuren von Blutkrusten übersät ist. Das heißt, dass die ganze linke seitliche Oberfläche des Kopfes schon völlig blutüberströmt war, bevor das Tuch überhaupt Kontakt mit dem Kopf hatte. Man konnte daher auf eine Fülle von blutigen Punkten auf der Kopfhaut, der Stirn und dem Hinterhaupt schließen. Bei der gerichtsmedizinischen Untersuchung wurden folgende Gruppen von Flecken unterschieden:

- eine *Gruppe von punktförmigen Flecken*, die in Form einer Parabel quer durch das Tuch gehen.
- ein *Fleck* in Form von Schmetterlingsflügeln unterhalb der oben genannten Flecken
- ein *Fleck* in der unteren linken Ecke, unter dem vorherigen
- die beiden *Hauptflecken*: zwei symmetrische Figuren (in Bezug auf eine Achse vertikal zur Abszisse)
- *Mittelflecken* (mit fingerförmigen Gebilden), darunter ein trapezförmiger Fleck

Aus den **Flecken** ist erkennbar, dass die Arme nicht bewegt wurden, während sich die Hauptflecken „tröpfchenweise“ bildeten, da ja die Bewegung der Arme ein sturzartiges Ausfließen der Lungenödemflüssigkeit bewirkt hätte.

Der eine **Hauptfleck** umfasst die periorale Zone (gesamter Bartwuchs) und entstand noch am Kreuz, der andere *Hauptfleck* bildete sich am Boden, als das Blut über Nasenspitze, Nasenrücken, Wange, die Partie zwischen den Augenbrauen und die rechte Seite der Stirn sickerte.

Erst als die Arme bewegt wurden, kam es zu einem schwallartigen und heftigen Austreten der Lungenödemsflüssigkeit, wobei Blutteilchen mitgeschwemmt wurden, was für die später entstandenen **Mittelflecken** charakteristisch ist. Bei diesen Flecken findet man eine Anhäufung von koaguliertem Blut in Form von winzigen Blutkrusten, die heute noch immer auf dem Gewebe des Tuches zu sehen sind. So fällt z.B. die dunkle Farbe des bogenförmigen Fleckens unter der Nase auf, der nach unten zackenförmig begrenzt ist und zu den Seiten hin verläuft. Anatomisch gesehen stimmt er mit der Form der Unterlippe und den Lippenfalten überein.

Die **punktförmigen Flecken** sind zu Lebzeiten des „Mannes des Schweißtuches" durch zahlreiche blutige, punktförmige Herde entstanden, um die sich ein hellerer Hof gebildet hat. Man konnte experimentell feststellen, dass das Tuch ca. 60 Minuten nach dem Blutaustritt aufgelegt wurde. Diese punktförmigen Flecken befinden sich deutlich auf der linken Hinterhauptzone über dem Halsansatz. Einer diese Flecken zeigt klar, dass er vor der Befestigung des Tuches entstanden ist, da der Nadelstich zur Fixierung des Stoffes durch die auf dem Tuch befindliche Blutkruste geht. In einem der kleinen

Löcher hat man sogar einen Dorn gefunden. Es scheint, dass es sich bei den punktförmigen Flecken um die Spitzen der Dornenkrone handelt. Aus der Parabelform der Flecken kann man auf die Kopfform des Leichnams schließen. Diese punktförmigen Flecken entsprechen übrigens genau der Hinterhauptzone der Dornenkrone auf dem Grabtuch von Turin. In beiden Fällen handelt es sich um Lebendblut. Versuche mit dem eigenen Blut des Forschers[77] haben den Prozess der Blutgerinnung veranschaulicht und die auf dem Tuch sichtbaren helleren, konzentrischen Höfe mit verschiedener Dichte erklärt.

Der **akkordeonförmige Fleck:**
Es handelt sich um einen Fleck, der wie eine Ziehharmonika mit ovalen Rändern aussieht und entstanden ist, als man das Tuch gefaltet und wie eine Art Röhre niedergedrückt hat, als es noch nicht ganz trocken war.

Der **diffuse** (nicht genau abgegrenzte) **Fleck:**
Er befindet sich zwischen den Hauptflecken und den punktförmigen Flecken. Bei genauerer Untersuchung kann man ihn jedoch klar definieren, obwohl vertikale und horizontale Linien fehlen und er eine Menge von unregelmäßigen, linearen, dunkleren Flecken aufweist, die gewissermaßen wie Striche aussehen. In verschiedenen Versuchen wurde herausgefunden, dass es sich um blutige Haare handeln muss und dass die Striche Haarlocken entsprechen, die frei auf das linke

---

[77] José Delfín Villalaín Blanco, in: El Sudario de Oviedo, Hallazgos recientes, CES, Valencia 1998, S.83 ff

Schulterblatt fallen und über die langsam eine blutige Flüssigkeit sickerte.

Ebenso lässt der **"schmetterlingsförmige Fleck"** und die umgebenden Falten an Haar denken, das im Nacken zusammengefasst und mit einer blutigen Flüssigkeit benetzt war. Die Form dieses Flecks setzt voraus, dass man das Tuch um eine bereits befleckte Fläche doppelt gelegt hat.

Fleck der **linken unteren Ecke:**
Hier handelt es sich um einen homogenen Fleck mit klaren Rändern und drei Hauptzonen von stärkerer Dichte und einem kleinen Nebenfleck auf der rechten Seite. Anatomisch gesehen würde er dem rechten Schulterblatt im unteren Teil des Kappenmuskels entsprechen.
Die Mittelflecken und der **trapezförmige Fleck:**
Alle diese Flecken sind mit klar abgegrenzten Rändern überlagert, weisen verschiedene Tönungen auf und sind durch einen gewissen Druck der Finger desjenigen entstanden, der den Leichnam zum Grab transportiert bzw. für das Begräbnis hergerichtet hat. An Hand dieser Tatsache konnte man die Zeitspanne errechnen, die zwischen der Bildung der einzelnen Flecken verstrichen ist. Denn der vorhergehende Fleck musste teilweise oder ganz getrocknet sein, damit man den nachfolgenden erkennen konnte. Diese deutliche Abgrenzung ist bei den fingerförmigen Flecken nicht ersichtlich, sie sind daher wahrscheinlich schneller aufeinandergefolgt. Man hat bis zu sechs verschiedene Positionen von verschiedenen Fingern einer linken Hand erkannt.

Der **trapezförmige Fleck** hat keine homologe symmetrische Entsprechung. Daher gehört er zu den letzten, wenn er nicht überhaupt der letzte der Entstehung nach ist. Er enthält eine sehr wertvolle Information, wie man das Tuch von Oviedo in der Schlussphase gebraucht hat. Er befindet sich nur auf der Seite, die in Kontakt mit dem Gesicht (linke Rückseite) war und auf der rechten Vorderseite des Tuches, wo das Blut hindurchfloss. Auf diesen Fleck passt perfekt eine linke Faust. Man erkennt die geraden Umrisse der Finger und der Fingerknöchelchen so wie die Handfläche. In den verschiedenen Varianten der Fingerhaltung bleibt das Nasenbein (genauer gesagt das Pflugscharbein) als geometrischer Punkt, von dem aus man das Tuch drehen konnte, sodass die Fingerabdrücke um diesen Punkt entstanden sind, obwohl man erkennen kann, dass das Tuch am Gesicht verrutscht ist. (Man konnte feststellen, dass die Nasenflügel durch die Blutanhäufung am Rand der Flecken klar abgedrückt waren, dass sie eine Nase zeigen, die an der Basis plattgedrückt und nach rechts verbogen war. Ebenso konnte man die Länge der Nasenscheidewand und die Form der Nase errechnen.)

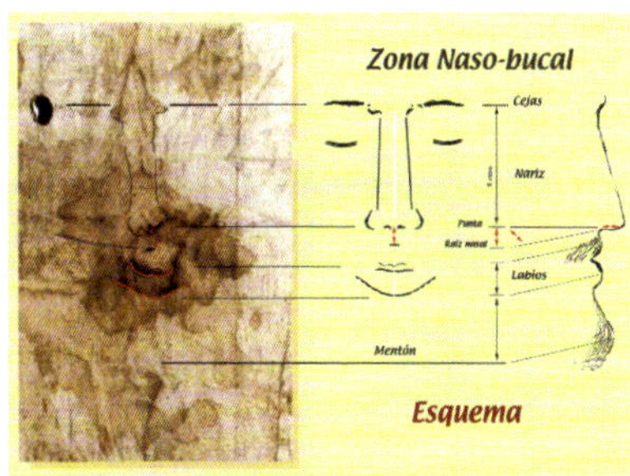

Abb. 52: Die Flecken des Schweißtuches lassen die lange Nase, die verschobene Nasenspitze und die ausgeprägten Nasenflügel erkennen. Sie erlauben weiterhin ihre Lage innerhalb eines menschlichen Gesichtes festzustellen.

Sonstige Flecken:
Es gibt noch verschiedene kleinere Flecken auf der Innenseite des Tuches, die z.T. vom Leichnam stammen. Der Ursprung der anderen Flecken ist ganz unterschiedlich. So konnte man z.B. Spuren von Lippenstift feststellen, die wahrscheinlich bei der gläubigen Verehrung des Tuches auf das Gewebe gelangt sind bzw. Spuren von Silber, als man den Rahmen des Schweißtuchs mit Farbe ausbesserte. Außerdem wurde eine starke Umweltverschmutzung, wie Pilzsporen, Tierhaare, Haare, Ruß, pflanzliche Harze, Kohlepartikel, Spuren von Eisen, Schwefel, Natrium, Kalium und winzige Gesteinsteilchen entdeckt, die von der Bombenexplosion des 7. Oktobers 1934 stammen dürften.

Zusammenfassung
Die Zeitspanne, die zwischen der Bildung der einzelnen Flecken verstrich, gibt Aufschluss über Details nach der Hinrichtung. Wenn man annimmt, dass der erste Fleck sich geformt hat, als der Körper noch am Kreuz hing (ca. eine Stunde nach dem Todeseintritt), der zweite Fleck am Boden (während ca. 45 - 60 Minuten) und die anderen Flecken durch das Bewegen des Leichnams entstanden sind, so heißt das, dass notwendigerweise eine Frist von zwei bis drei Stunden verstrich, bevor der Körper nach dem Tod am Kreuz ins Grab getragen wurde. Diese Zeit hatte vielleicht Josef aus Arimathäa benötigt, um den Leichnam Jesu von Pontius Pilatus zu erbitten, dessen Befehle nach dem Todesbeweis

(Lanzenstich) abzuwarten und die erforderlichen Vorkehrungen für das Begräbnis zu treffen.

Aus den anthropologischen Studien des Gerichtsmediziners und Gerichtsanthropologen D. José Antonio Sánchez geht hervor, dass man an Hand der Flecken ein menschliches Gesicht genau rekonstruieren kann und es sich um die Züge eines vermutlich weißen Individuums handelt, das in den wesentlichen Maßen dem Gesicht des Mannes des Grabtuches von Turin entspricht. So beträgt z.B. die Länge des Nasenrückens auf beiden Tüchern 8 cm, man konnte auch andere anatomische Formen, wie Kinn, Backenknochen, Augenbrauenbogen, Augen, Stirn und Schwellungen erkennen. Die Übereinstimmung der Flecken des Schweißtuches mit dem Bild des Grabtuches wurde mit der Technik von Sobel bzw. mit der Polarized Image Overlay Technique von Dr. Alan Whanger überprüft (über 150 Übereinstimmungspunkte zwischen beiden Tüchern). Rebecca Jackson, eine aus einer jüdisch-orthodoxen Familie stammende Ethnologin, die durch die Beschäftigung mit dem Turiner Grabtuch zum katholischen Glauben konvertiert ist, hebt die jüdischen Charakteristika des Antlitzes auf dem Tuch von Oviedo wie auf dem Grabtuch von Turin hervor:

Auffallend seien der lange schmale Kopf, die enge Relation Augen - Nase, die lange schmale Nase, hervortretende Nasenflügel, hohe, nicht vorspringende Backenknochen. Die im Nacken gebundenen Haare des Mannes waren typisch für die Juden zu Beginn des ersten Jahrhunderts und bildeten eine Protesthaltung gegen das kurze Haar und die glattrasierten

Gesichter der Römer. Die Maße des Schweißtuches erinnern ebenfalls an seine jüdische Herkunft, denn sie entsprechen genau dem alten jüdischen Ellenmaß (ca. 50 cm), nämlich 1 Elle x 1 Elle + 5/7 einer Elle (vgl. die Ellenmaße vom Turiner Grabtuch: 2 Ellen x 8 Ellen). Da beim internationalen Kongress der Sindonologen (Grabtuchforscher) 1998 in Turin die „mathematische und moralische" Echtheit der Grabtuches festgestellt wurde, so kann man schließen, dass es sich bei dem Schweißtuch von Oviedo um ein Tuch handelt, das das Haupt Jesu vor seinem Begräbnis eingehüllt hat.

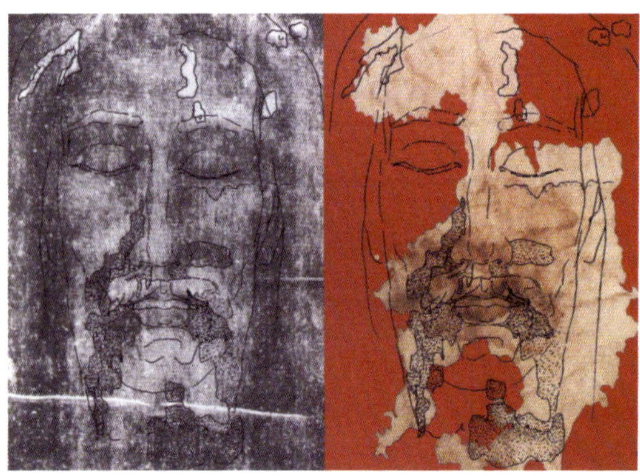

Abb. 53: Vergleich des Schweißtuches von Oviedo (rechts) mit dem Grabtuch von Turin (links)

Was aber geschah dann mit dem blutgetränkten Tuch?

Um diese Frage näher erörtern zu können, ist es notwendig, noch einmal einen Blick auf das jüdische Begräbnisritual zu werfen.

Der Begriff Blut enthält im Hebräischen die Assoziation von „Leben", „Seele", „Heiligkeit". Es war daher undenkbar, Blut, das beim Sterben ausgeflossen ist, abzuwaschen. Blutgetränkte Erde bzw. blutgetränkte Kleidungsstücke mussten mit dem Toten begraben werden. Daher ist es verständlich, dass ein so blutiges Tuch mit ins Grab gegeben wurde. Andererseits war dieses Stück Stoff für das jüdische Verständnis eine Quelle von Unreinheit, denn es enthielt

a) Blut,
b) Blut von einem Leichnam,
c) Blut von einem Hingerichteten.

Es gab für den orthodoxen Juden nichts, was ihn hätte mehr verunreinigen hätte können, als der Kontakt mit Blut bzw. einem blutigen Leichnam. Deshalb konnte in einem solchen kulturellen wie religiösen Kontext nur ein einmaliges Ereignis diesem Tuch einen derartigen Wert verleihen, dass man es aus dem Grab entfernte und aufbewahrte, was ja normalerweise als Grabraub mit dem Tode bestraft worden wäre. Daher ist es auch verständlich, dass niemand davon sprach, dieses Tuch zu besitzen.

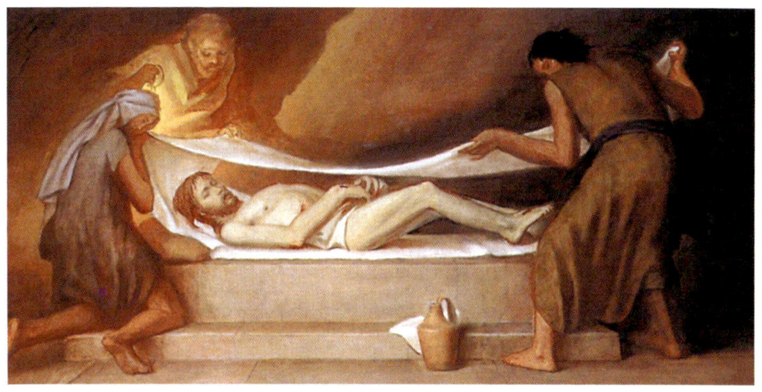

Abb. 54:
Gemälde der Grablegung von Mario Caffaro Rore

VI. „Er sah und glaubte“

Am ersten Tag der Woche kam Maria von Magdala frühmorgens, als es noch dunkel war, zum Grab und sah, dass der Stein vom Grab weggenommen war. Da lief sie schnell zu Simon Petrus und dem Jünger, den Jesus liebte, und sagte zu ihnen: Man hat den Herrn aus dem Grab weggenommen und wir wissen nicht, wohin man ihn gelegt hat. Da gingen Petrus und der andere Jünger hinaus und kamen zum Grab; sie liefen beide zusammen dorthin, aber weil der andere Jünger schneller war als Petrus, kam er als erster ans Grab. Er beugte sich vor und sah die Leinenbinden liegen, ging aber nicht hinein. Da kam auch Simon Petrus, der ihm gefolgt war, und ging in das Grab hinein. Er sah die Leinenbinden liegen und das Schweißtuch, das auf dem Kopf Jesu gelegen hatte; es lag aber nicht bei den Leinenbinden, sondern zusammengebunden daneben an einer besonderen Stelle. Da ging auch der andere Jünger, der zuerst an das Grab gekommen war, hinein; er sah und glaubte. Denn sie wussten noch nicht aus der Schrift, dass er von den Toten auferstehen musste.
(Johannes 20, 1-9)

Abb. 55: Eines der typischen Gräber wie sie vor 2000 Jahren bei Jerusalem verwendet wurden.

Die Synoptiker erwähnen nichts von einem Schweißtuch, der Evangelist Johannes hingegen spricht hier beim Auferstehungsbericht von den Leinenbinden (griechisch *othonia*) und dem Schweißtuch (griechisch *soudarion*), was so manchem Exegeten Kopfzerbrechen bereitet hat. In der neuesten Forschung wird klar zwischen den beiden Ausdrücken unterschieden. Leinenbinden (Othonien) und Grabtuch stehen für die gleiche Wirklichkeit[78], während „Schweißtuch" sowohl im außerbiblischen wie im biblischen Gebrauch auch „Handtuch", „Gesichtstuch, mit dem man sich den Schweiß abwischt", „Taschentuch" oder „Serviette" bezeichnen kann. Der bestimmte Artikel **„das"** [Schweißtuch] (in Johanes 20,7) zeigt, dass Johannes das Tuch gekannt haben muss. Das ergibt sich auch aus der Tatsache, dass es, wie oben gezeigt, am Karfreitag auf das Haupt Jesu gelegt wurde und Johannes ja Zeuge der Kreuzigung war (Joh 19,25ff) und von daher auch Zeuge der anschließenden Grablegung gewesen sein dürfte. Er wusste demnach am frühen Ostermorgen, wie der Leichnam im Grabtuch eingebettet war. **Nun sah er das Tuch in sich zusammengesunken, unverrückt an seinem Platz liegen, aber ohne das Volumen des Körpers**. Nur die klar gezeichneten Blutspuren, die durch das Gewebe des Leinens gedrungen waren, deuteten die verletzten Stellen des verschwundenen Körpers an. Johannes hebt dann eigens hervor, dass das Schweißtuch nicht bei den übrigen Grabtüchern, sondern zusammengefaltet (bzw. zusammengerollt in Form eines

[78] Im Griechischen lässt der Gebrauch des Plural „othonia" (Leinenbinden) auch die Bedeutung der Einzahl zu, nämlich „Grabtuch"

Kegels bzw. einer Büßermütze) an einer besonderen Stelle lag. Es ist daher nicht Bestandteil der „Leichentücher" und lag auch im Grab *nicht mehr auf dem Haupt Jesu,* wie man lange Zeit in Anlehnung an Johannes 11,44 angenommen hat, sondern *abseits*. Eben dort, wo es bei der Grablegung hingelegt worden war. Aus dieser Sicht wird auch die unterschiedliche Färbung der Blutflecken auf dem Grabtuch und dem Schweißtuch erklärbar. Die Blutflecken des ersteren sind wahrscheinlich deshalb hellrot, weil sie dem „Auferstehungsblitz" unmittelbar ausgesetzt waren, die Blutflecken des Schweißtuches hingegen haben eine bräunliche Farbe angenommen, weil sie von diesem „Energieschub" durch ihre entferntere Lage weit weniger getroffen wurden. Wäre das Schweißtuch nämlich auf dem Haupt Jesu *unter* dem Grabtuch gelegen, müsste es auch einen Bildabdruck auf dem Schweißtuch von Oviedo geben bzw. gäbe es keinen Abdruck des Gesichtes auf dem Grabtuch. Wäre es *über* dem Grabtuch gelegen, so ist nicht verständlich, welche Funktion ein solch blutgetränktes Tuch über der „reinen Leinwand" (Mt 27,59) des Grabtuches gehabt hätte.

Die bereits 1985 formulierte Hypothese Msgr. Giulio Riccis, dass das Schweißtuch bis zum Einhüllen des Leichnams in das Grabtuch das Haupt Jesu bedeckt hätte und dann einfach vom Kopf (wahrscheinlich zusammen mit der Dornenkrone) abgezogen und beiseite gelegt wurde, wird an Hand der Forschung am Schweißtuch immer plausibler.

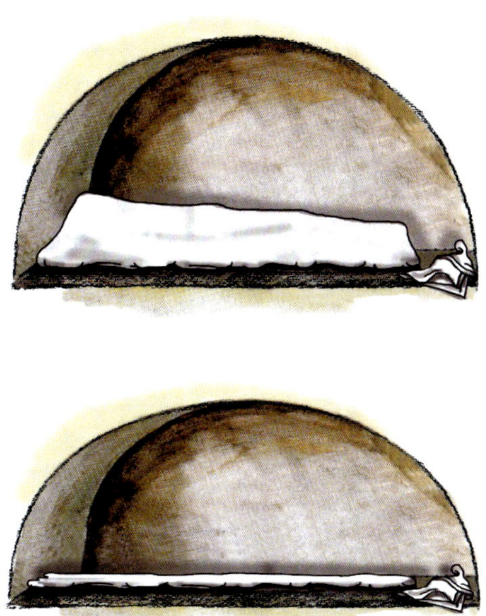

Abb. 56: Diese Rekonstruktion zeigt das *in sich zusammengesunkene Leinen* (vgl. Joh 20,7). Aufgrund der Gestalt der Blutspuren auf dem Tuch nehmen die Fachleute an, dass der Gekreuzigte nicht länger als 36 Stunden im Grabtuch gelegen sein konnte. Der Körper ist daraus entschwunden, ohne das Leinen zu verändern und ohne die Blutspuren zu verschmieren. Wissenschaftler wie z.B. Jackson, Fanti oder Scheuermann sprechen hier von einer „Entmaterialisierung" des Körpers.

Aus all diesen Erkenntnissen darf man die Schlussfolgerung ziehen, dass das Grabtuch von Turin und das Schweißtuch von Oviedo zwei echte und komplementäre Reliquien darstellen, die eine durchaus vernünftige Erklärung der Stelle von Johannes 20,7 ermöglichen. Johannes beschreibt eine Situation, die völlig kompatibel ist mit den Informationen, die uns Grab- und Schweißtuch liefern, die aber nicht verständlich waren, solange die Theorie von der Entmaterialisierung des Leichnams Jesu bzw. des Auferstehungsblitzes sowie die Details des Schweißtuches nicht bekannt waren. Beide Reliquien können nicht voneinander getrennt werden, sondern müssen gemeinsam studiert und verehrt werden, denn sie führen in die Mitte unseres Glaubens, in die Geheimnisse von Kreuz und Blut, Tod und Auferstehung unseres Erlösers und Herrn Jesus Christus, des für uns Mensch gewordenen Sohnes Gottes.

QUELLENANGABEN

Actas del I Congreso Internacional sobre El Sudario de Oviedo	Sudario del Señor, Oviedo 1994
Actes du IIIe Symposium scientifique international du CIELT, Nice 1997	
Alarcón, Benito Juan	El quinto Evangelio, Vassallo de Mumbert, Madrid 1984
Antonacci, Mark	The resurrection of the Shroud, M. Evans and Company, Inc. New York 2000
Baima Bollone, Pier Luigi	Sindone e Scienza, all' inizio del terzo millennio, La Stampa, Torino 2000
Baima Bollone, Pier Luigi	Sindone 101 Domande e risposte, San Paolo, Turin 2000
Baima Bollone, Pier Luigi	Sepoltura del Messia e Sudario di Oviedo, SEI, Torino 1997
Barbesino, Francesco / Moroni, Mario	Lungo le strade della Sindone Ricerca dei possibili itinerari da Gerusalemme a Torino, San Paolo, Turin 2000
Biddle, Martin	Das Grab Christi, Brunnen Verlag, Gießen 1998

Bulst, Werner/ Pfeiffer, Heinrich	Das Turiner Grabtuch und das Christusbild, Frankfurt am Main 1991
Cappi, Mario	La Sindone dalla A alla Z, Padova 1997
Centro Español de Sindonología	Del Gólgota al Sepulcro, Valencia 1998
Centro Español de Sindonología	El Sudario de Oviedo, Hallazgos recientes, Valencia 1998
Centro Internazionale di Sindonologia	Inchiesta sulla Sindone, Torino 1998 (CD - ROM)
Ceruti-Cendrier, Marie-Christine	Les évangiles sont des reportages n'en déplaise à certains, Pierre Téqui, éditeur, Paris 2007
Chaussée, Paul	Miracle et Message du Saint Suaire, Ed. Ulysse. Bordeaux 1999
Clercq, Jean-Maurice	Les grandes reliques du Christ, Synthèse et concordances des dernières études scientifiques, F.X. de Guibert, Paris 2007
Coppini, Lamberto/ Cavazzuti, Francesco	Le Icone di Cristo e la Sindone, Ed. San Paolo, Torino 2000
COSTA	Comité oecuménique et scientifique de la Tunique d'Argentueil
Danin, Avinoam/ Whanger, Alan, D./ Baruch, Uri/ Whanger, Mary	Flora of the Shroud of Turin, Missouri Botanica Garden Press, St. Louis, Missouri 1999

Danin, Avinoam	Botany of the Shroud, Danin Publishing, Jerusalem, 2010
Dor, Pierre	La tunique d'Argenteuil et ses prétendues rivales, éd. Hérault, Maulévrier 2002
Dirnbeck, Josef	Jesus und das Tuch, die „Echtheit" einer Fälschung, Wien 1998
Dirnbeck, Josef	Falsches Zeugnis wider Jesus, Otto Müller Verlag, Salzburg/Wien 2002
ELLEDICI	Collana: La Sindone di Torino, Leumann, Torino 1997
Fanti, Giulio/ Marinelli, Emanuela	Cento Prove sulla Sindone, Ed. Messaggero, Padova 2000
Fanti, Giulio/ Marinelli, Emanuela	La Sindone rinnovata - misteri e certezze, P.E., Vigodarzere 2003
Fanti, Giulio	La Sindone- una sfida alla scienza moderna, ed. ARACNE, Roma 2008
Fondazione Umberto II e Maria José di Savoia	La Sindone nei secoli, Gribaud, Torino 1998
Fossati, Luigi	La sacra Sindone, Storia documentata di una secolare venerazione, ELLEDICI, Torino 2000

Frale, Barbara	La Sindone di Gesù Nazareno, Ed. Il Mulino, Bologna 2009
Frale, Barbara	I Templari e la Sindone di Cristo, Ed. Il Mulino, Bologna 2009
Guscin, Mark	The Oviedo Cloth, The Lutterworth Press, Cambridge 1998
Hesemann, Michael	Die Jesus-Tafel, Herder, Freiburg 1999
Hesemann, Michael	Die stummen Zeugen von Golgatha. Die faszinierende Geschichte der Passionsreliquien Christi, Heinrich Hugendubel Verlag, Kreuzlingen/ München 2000
Huguet, Didier/ Wuermeling, Winfried	La sainte Tunique d'Argenteuil face à la science, Actes du colloque du 12 novembre 2005 à Argenteuil, ed. Francois-Xavier de Guibert, Paris 2007
Intrigillo, Gaetano	La Sindone dopo la datazione con il radiocarbonio, Ed. Dehoniane, Roma 1989
Istituto Religiose del Santo Volto	Cerco il tuo Volto, San Fior, Treviso 2000
Judica Cordiglia, Giovanni Battista	Sindone, analisi di un crimine, Torino 1998 (Video)

Lavoie, Gilbert R.	Resurrected, tangible evidence that Jesus rose from the dead, Shroud's message revealed 2000 years later, Thomas More, RCL Company, Allen, Texas 2000
Lindner, Eberhard	Wahrheit und Wirklichkeit, Lindner Verlag, Karlsruhe 1997
Lohfink, Gerhard	Der letzte Tag Jesu, die Ereignisse der Passion, Herder, Freiburg 1981
Lucotte, Gerard/ Bornet, Philippe	Sanguis Christi, le sang du Christ Récit d'une enquête scientifique sur la Tunique d'Argentueil, G. Trédaniel, Paris 2007
Malantrucco, Luigi	L'Equivoco Sindone, Ed. ELLE-DICI, Torino 1992
Malantrucco, Luigi/ Saginario, G.	La Sindone, testimone della nostra redenzione, Nuove Frontiere, Roma 1988
Marinelli, Emanuela	La Sindone, un'immagine „impossibile", Milano 1996
Marinelli, Emanuela e Maurizio	Cosa vuoi sapere sulla Sindone?, San Paolo, Torino 1998
Marion, André/ Courage, Anne-Laure	Nouvelles découvertes sur le Suaire de Turin, Paris 1997
Martina, Graziella	La Sindone e Torino, Pinerolo 1998

Moretto, Gino	Das Grabtuch, Anleitung Editrice Elledici, Turin 2000
Ostensione della Sindone 2000	II grande libro della Sindone, San Paolo, Torino 2000
Petrosillo, Orazio	La Sindone da contemplare, ELLEDICI, Torino 1998
Petrosillo, Orazio/ Marinelli, Emanuela	La Sindone, un'enigma alla prova della scienza, Milano 1990
Pixner, Bargil	Wege des Messias und Stätten der Urkirche, Brunnen Verlag, Gießen 1998
Ploncard d'Assac, Jacques	Le secret des Francs-Maçons, Vouillé 1979
Raffard de Brienne, Daniel	Dictionnaire du Linceul de Turin, Paris 1997
Ratzinger, Joseph Kard.	Erklärung Dominus Jesus Christiana-Verlag, Stein am Rhein 2000
Ricci, Giulio	La Sindone contestata, difesa, spiegata, Collana Emmaus, Roma 1992
Rodante, Sebastiano	La scienza convalida la Sindone, errata la datazione medievale, Milano 1994
Scheuermann, Oswald	Das Tuch, Friedrich Pustet, Regensburg 1983

Scheuermann, Oswald	Turiner Tuchbild aufgestrahlt? - Nachweisversuch, VDM Verlag Dr. Müller, 2. Auflage, 2008.
ShroudScience Group	E-Mails seit 2003
Schiatti, Lamberto	La Sindone, Ed. Paoline, Torino 1978
Schönborn, Christoph Kardinal	Die Christus-Ikone, eine theologische Hinführung, Wiener Dom-Verlag, Wien 1998
Siliato, Maria Grazia	Sindone, Casale Monferrato 1997
Upinsky, Arnaud-Aaron	L'énigme du Linceul La prophétie de l'an 2000, Fayard, Paris 1998
Upinsky, Arnaud-Aaron	La science à l'épreuve du Linceul, La crise épistémologique, la démonstration scientifique de l'authenticité, Paris 1990
Waldstein, Wolfgang	Neueste Erkenntnisse über das Turiner Grabtuch, Christiana-Verlag, CH Stein am Rhein, 2. Aufl. 2000
Weigl, A.M.	Dein Antlitz leuchte über uns, Verlag St. Grignionhaus, Altötting, 5. Aufl. 1979
Wilson, Ian	Eine Spur von Jesus, Herkunft und Echtheit des Turiner Grabtuches, Freiburg im Breisgau 1980

Wilson, Ian	The Shroud, the 2000-year-old mystery solved, Bantam Press, London 2010
Zaccone, Gian Maria	Le due facce della Sindone, ODPF, Torino 2001
Zehetbauer, Markus	Jesus? die Ergebnisse der Grabtuchforschung, Promultis, Planegg 1986

Zeitschriften:

Il Volto dei Volti	Organo dell'Istituto Internazionale di Ricerca sul Volto di Cristo, Roma
LINTEUM	Revista del Centro Español de Sindonología, Avda. Reino de Valencia, 53-16a / Valencia
Revue internationale du Linceul de Turin	(Centre international d'Etudes sur le Linceul de Turin)
Sindon	Rivista fondata nel 1959 (Centro Internazionale di Sindonologia), Torino

Literatur zum Sudario von Oviedo (4.Teil)

Del Gólgota al Sepulcro, posible reconstrucción, Centro Español de Sindonología, Valencia 1998

El Sudario de Oviedo, Hallazgos recientes, Centro Español de Sindonología, Valencia 1998

Guscin, Marc: Le soudarion d'Oviédo: son histoire et ses liens avec le Linceul de Turin. In: Revue internationale du Linceul de Turin, Nr. 4 (Printemps 1997), SS. 3-9

LINTEUM, Revista del Centro Español de Sindonología, 6, 11, 12-13, 14-15, 19, 24-25

Non fait de main d'homme, Actes du III ème Symposium Scientifique International du CIELT, Nice 1997, S.197 ff

Sudario del Señor, Actas del I Congreso Internacional sobre El Sudario de Oviedo, Oviedo 1996

Danin, Avinoam/ Whanger, Alan D./ Baruch, Uri/ Whanger, Mary: Flora of the Shroud of Turin, St. Louis, Missouri (Missouri Botanical Garden Press) 1999

Baima Bollone, Pier Luigi: Sepultura del Messia e Sudario di Oviedo, Torino 1997

Guscin, Mark: The Oviedo Cloth, Cambridge 1998

Ricci, Giulio: L'Uomo della Sindone è Gesù, Roma 1992 (Collana Emmaus)

Bildnachweis

Gino Moretto: Abb. 1
Association *Montre Nous Ton Visage* (MNTV), Paris: Abb. 2, 4, 5, 6, 8, 10, 11, 12abc, 13, 15,
16, 19, 20, 21cd, 22, 23, 24, 27, 28, 29, 30, 31, 32, 33, 35, 37, 54, 55
Aldo Guerreschi: Abb. 3
Erzdiözese Wien, Dompfarre St. Stephan: Abb. 7
COSTA Paris: Abb. 9
Doris Wintera, Marchegg: Abb. 12d, 21b, 56
Privatbesitz: Abb. 14
Prof. Avinoam Danin: Abb 17, 18
Prof. Guilio Fanti: Abb. 21a
Prof. Florian Röhrig, Kosterneuburg: Abb. 25
Hannes Platter, Wien: Abb. 26, 41
Monika Voncina, Wien: Abb. 34
Jean Mathiot - Jean Pierre Rousselle: Abb. 36
Jorge-Manuel Rodríguez Almenar: Abb. 38, 39, 40, 42, 43, 44, 45, 46, 47, 48, 49, 50, 51, 52, 53

Wir weisen gerne auf die entsprechenden Werke der Autoren bzw. Fotografen hin:

Jorge-Manuel Rodríguez Almenar, El Sudario de Oviedo, Ediciones Universidad de Navarra, S.A., Pamplona 2000
Avinoam Danin, Botany of the Shroud, Jerusalem 2010
Giulio Fanti, La Sindone - una sfida alla scienza moderna, ed. ARACNE, Roma 2008
Jean Mathiot - Jean Pierre Rousselle, Guadalupe Mexique La Dame du Ciel, Pierre Téqui, éditeur, Paris 2004
Oswald Scheuermann, Turiner Grabtuchbild aufgestrahlt? Nachweisversuch, VDM Verlag Dr. Müller, 2. Auflage, 2008
Marie Christine Ceruti-Cendrier, Les évangiles sont des reportages n'en déplaise à certains, Pierre Téqui, éditeur, Paris 2007
Ian Wilson, The Shroud, the 2000 -year-old mystery solved, Bantam Press, London 2010.

Die Autorin, Mag. phil. Gertrud Wally, Studium der Romanistik, Musikerziehung und Kunstgeschichte an der Universität Wien und Ausbildung als Katechistin für den fremdsprachigen Katechumenat, verheiratet, drei Söhne, beschäftigt sich seit 1978 mit dem Grabtuch von Turin und hält seit 1983 darüber Vorträge im In- und Ausland. Seit 2002 schließt ihre Vortragstätigkeit auch das Bild „Unsere Liebe Frau von Guadalupe" ein. Gertrud Wally ist Mitglied von mehreren Grabtuchforschungszentren und nimmt regelmäßig an Kongressen über das Grabtuch von Turin teil.
Im vorliegenden kurz gefassten Sachbuch, als Erstinformation für den interessierten Leser gedacht, kommen ihre langjährigen Erfahrungen als Katechistin aber auch ihre persönliche Reflexion über die Bedeutung der genannten Reliquien zum Ausdruck